云 南 省 地 方 标 准

公路悬索桥工程量标准清单及计量规范

DB 53/T 2003—2014

人民交通出版社股份有限公司
China Communications Press Co.,Ltd.

图书在版编目(CIP)数据

公路悬索桥工程量标准清单及计量规范 / 云南省交通运输厅工程造价管理局,华杰工程咨询有限公司编著. —北京:人民交通出版社股份有限公司,2015.5
ISBN 978-7-114-12192-0

Ⅰ.①公… Ⅱ.①云… ②华… Ⅲ.①公路桥-悬索桥-工程造价-建筑规范-云南省 Ⅳ.①U448.14-65

中国版本图书馆CIP数据核字(2015)第078817号

书 名:	公路悬索桥工程量标准清单及计量规范
著 作 者:	云南省交通运输厅工程造价管理局
	华杰工程咨询有限公司
责任编辑:	韩亚楠　郭红蕊
出版发行:	人民交通出版社股份有限公司
地　　址:	(100011)北京市朝阳区安定门外外馆斜街3号
网　　址:	http://www.ccpress.com.cn
销售电话:	(010)59757973
总 经 销:	人民交通出版社股份有限公司发行部
经　　销:	各地新华书店
印　　刷:	北京鑫正大印刷有限公司
开　　本:	880×1230　1/16
印　　张:	4.25
字　　数:	105千
版　　次:	2015年5月　第1版
印　　次:	2015年5月　第1次印刷
书　　号:	ISBN 978-7-114-12192-0
定　　价:	25.00元

(有印刷、装订质量问题的图书由本公司负责调换)

云南省交通运输厅
云南省质量技术监督局

公　告

2014 年第 9 号

云南省交通运输厅关于发布
《公路悬索桥工程量标准清单及计量规范》
（DB 53/T 2003—2014）的公告

现发布《公路悬索桥工程量标准清单及计量规范》（DB 53/T 2003—2014），自 2014 年 12 月 1 日起施行，原发布的《公路悬索桥工程量标准清单及计量规范》（YNG/T B01—2011）同时废止。

该规范的管理权归云南省交通运输厅，日常解释和管理工作由云南省交通运输厅工程造价管理局负责。

请各单位在实践中注意总结经验，及时将发现的问题和修改意见函告云南省交通运输厅工程造价管理局（地址：昆明市滇缅大道 87 号金通苑 CD 座一层，邮编：650031），以便修订参考。

特此公告。

云南省交通运输厅
云南省质量技术监督局
2014 年 11 月 10 日

前　言

本标准按照《公路工程标准编写导则》(JTG A04—2013)给出的规则起草。

本标准由云南省交通运输厅工程造价管理局提出。

本标准起草单位：云南省交通运输厅工程造价管理局

　　　　　　　　华杰工程咨询有限公司

本标准主要起草人：刘成志　赵　谨　晋　敏　顾　剑　张玉峰　周生贵　刘庭勇　杨剑兰

　　　　　　　　王　林　张　望　董玉佩　李钟根　徐　敏　李少春

引　言

为完善云南省公路工程工程量标准清单,规范悬索桥工程量清单编制及计量行为,合理确定和有效控制同类桥型投资,制定本标准清单及计量规范。

目 录

1 工程量标准清单 …………………………………………………………………… 1
2 计量规范 …………………………………………………………………………… 23

1 工程量标准清单

清单 第400章 桥梁、涵洞					
子目号	子目名称	单位	数量	综合单价	合价
…	…				
430	**悬索桥**				
430-1	**通则**				
430-1-1	桥梁荷载试验(暂估价)	总额			
430-1-2	桥梁施工监控(暂估价)	总额			
430-1-3	深基坑监控(暂估价)	总额			
430-1-4	桥梁健康监测(暂估价)	总额			
430-1-5	地质钻探及取样试验(暂定工程量)	m			
430-1-6	隧道锚模型现场拉拔试验(暂估价)	总额			
430-1-7	混凝土与基岩及摩擦系数试验(暂估价)	总额			
430-2	**锚碇**				
430-2-1	**基坑挖方**				
430-2-1-1	挖土方	m³			
430-2-1-2	挖石方	m³			
430-2-2	**基坑支护**				
430-2-2-1	浆砌片石				
430-2-2-1-1	M7.5浆砌片石	m³			
430-2-2-2	垫层混凝土				
430-2-2-2-1	C10混凝土	m³			
430-2-2-2-2	C15混凝土	m³			
430-2-2-2-3	C20混凝土	m³			
430-2-2-3	喷射混凝土				
430-2-2-3-1	C20混凝土	m³			
430-2-2-3-2	C25混凝土	m³			
430-2-2-4	现浇坡面混凝土				
430-2-2-4-1	C10混凝土	m³			
430-2-2-4-2	C15混凝土	m³			
430-2-2-4-3	C20混凝土	m³			

续上表

子目号	子目名称	单位	数量	综合单价	合价
430-2-2-5	钢筋锚杆	kg			
430-2-2-6	预应力钢筋锚杆	kg			
430-2-2-7	预应力锚索				
430-2-2-7-1	预应力钢绞线	kg			
430-2-2-7-2	无黏结预应力钢绞线	kg			
430-2-2-8	钢筋网	kg			
430-2-2-9	铁丝网	kg			
430-2-2-10	混凝土框格梁				
430-2-2-10-1	C20 混凝土	m³			
430-2-2-10-2	C25 混凝土	m³			
430-2-2-10-3	C30 混凝土	m³			
430-2-2-11	护栏	m			
430-2-2-12	排水设施				
430-2-2-12-1	ϕ25mm PVC 排水管	m			
430-2-2-12-2	ϕ36mm PVC 排水管	m			
430-2-2-12-3	M10 浆砌片石截(汇)水沟	m³			
430-2-2-12-4	C15 混凝土排水沟	m³			
430-2-2-13	钢筋				
430-2-2-13-1	光圆钢筋(HPB300)	kg			
430-2-2-13-2	带肋钢筋(HRB400)	kg			
430-2-2-14	被动防护	m²			
430-2-3	**基坑回填**				
430-2-3-1	基坑回填土石方	m³			
430-2-3-2	基坑回填混凝土				
430-2-3-2-1	C10 片石混凝土	m³			
430-2-3-2-2	C15 片石混凝土	m³			
430-2-3-2-3	C20 片石混凝土	m³			
430-2-3-2-4	C10 混凝土	m³			
430-2-3-2-5	C15 混凝土	m³			
430-2-3-2-6	C20 混凝土	m³			
430-2-3-2-7	C25 混凝土	m³			
430-2-3-2-8	C30 混凝土	m³			

续上表

子目号	子目名称	单位	数量	综合单价	合价
430-2-4	隧道锚隧道洞身开挖				
430-2-4-1	挖土方	m³			
430-2-4-2	挖石方	m³			
430-2-5	隧道锚隧道洞身支护				
430-2-5-1	管棚				
430-2-5-1-1	φ102mm×4.5mm	m			
430-2-5-1-2	φ102mm×4.5mm	m			
430-2-5-1-3	φ102mm×5mm	m			
430-2-5-1-4	φ108mm×4mm	m			
430-2-5-1-5	φ108mm×4.5mm	m			
430-2-5-1-6	φ108mm×5mm	m			
430-2-5-1-7	φ114mm×4mm	m			
430-2-5-1-8	φ114mm×4.5mm	m			
430-2-5-1-9	φ114mm×5mm	m			
430-2-5-1-10	φ121mm×4mm	m			
430-2-5-1-11	φ121mm×4.5mm	m			
430-2-5-1-12	φ121mm×5mm	m			
430-2-5-1-13	φ127mm×4mm	m			
430-2-5-1-14	φ127mm×4.5mm	m			
430-2-5-1-15	φ127mm×5mm	m			
430-2-5-2	小导管				
430-2-5-2-1	φ42mm×4mm	m			
430-2-5-2-2	φ42mm×4.5mm	m			
430-2-5-2-3	φ42mm×5mm	m			
430-2-5-2-4	φ45mm×4mm	m			
430-2-5-2-5	φ45mm×4.5mm	m			
430-2-5-2-6	φ45mm×5mm	m			
430-2-5-2-7	φ50mm×4mm	m			
430-2-5-2-8	φ50mm×4.5mm	m			
430-2-5-2-9	φ50mm×5mm	m			
430-2-5-3	钢支撑				
430-2-5-3-1	钢筋格栅钢架	kg			

续上表

子目号	子目名称	单位	数量	综合单价	合价
430-2-5-3-2	型钢钢架	kg			
430-2-5-4	砂浆锚杆				
430-2-5-4-1	φ20mm	m			
430-2-5-4-2	φ22mm	m			
430-2-5-4-3	φ25mm	m			
430-2-5-5	中空注浆锚杆				
430-2-5-5-1	φ20mm	m			
430-2-5-5-2	φ22mm	m			
430-2-5-5-3	φ25mm	m			
430-2-5-6	自钻式锚杆				
430-2-5-6-1	φ20mm	m			
430-2-5-6-2	φ22mm	m			
430-2-5-6-3	φ25mm	m			
430-2-5-7	预应力锚杆				
430-2-5-7-1	φ20mm	m			
430-2-5-7-2	φ22mm	m			
430-2-5-7-3	φ25mm	m			
430-2-5-8	金属网				
430-2-5-8-1	钢筋网	kg			
430-2-5-8-2	铁丝网	kg			
430-2-5-9	喷射混凝土				
430-2-5-9-1	C20 混凝土	m³			
430-2-5-9-2	C25 混凝土	m³			
430-2-5-9-3	C30 混凝土	m³			
430-2-5-9-4	C20 钢纤维混凝土	m³			
430-2-5-9-5	C25 钢纤维混凝土	m³			
430-2-5-9-6	C30 钢纤维混凝土	m³			
430-2-5-9-7	C20 聚酯纤维混凝土	m³			
430-2-5-9-8	C25 聚酯纤维混凝土	m³			
430-2-5-9-9	C30 聚酯纤维混凝土	m³			
430-2-5-9-10	C30 聚丙烯纤维混凝土	m³			
430-2-6	**隧道锚隧道洞身衬砌**				

续上表

子目号	子目名称	单位	数量	综合单价	合价
430-2-6-1	复合防水层	m²			
430-2-6-2	混凝土				
430-2-6-2-1	C20 混凝土	m³			
430-2-6-2-2	C25 混凝土	m³			
430-2-6-2-3	C30 混凝土	m³			
430-2-6-2-4	C35 混凝土	m³			
430-2-6-2-5	C40 混凝土	m³			
430-2-6-2-6	C25 防水混凝土	m³			
430-2-6-2-7	C30 防水混凝土	m³			
430-2-6-2-8	C35 防水混凝土	m³			
430-2-6-2-9	C40 防水混凝土	m³			
430-2-6-2-10	C30 聚丙烯纤维混凝土	m³			
430-2-6-3	钢筋				
430-2-6-3-1	光圆钢筋（HPB300）	kg			
430-2-6-3-2	带肋钢筋（HRB400）	kg			
430-2-7	**隧道锚隧道洞周注浆**				
430-2-7-1	钻孔				
430-2-7-1-1	φ42mm	m			
430-2-7-1-2	φ46mm	m			
430-2-7-1-3	φ50mm	m			
430-2-7-1-4	φ62mm	m			
430-2-7-1-5	φ75mm	m			
430-2-7-1-6	φ91mm	m			
430-2-7-1-7	φ110mm	m			
430-2-7-1-8	φ130mm	m			
430-2-7-2	注浆				
430-2-7-2-1	M20 水泥浆	m³			
430-2-7-2-2	M25 水泥浆	m³			
430-2-7-2-3	M30 水泥浆	m³			
430-2-7-2-4	M35 水泥浆	m³			
430-2-7-2-5	M40 水泥浆	m³			
430-2-7-2-6	M20 水泥砂浆	m³			

续上表

子目号	子目名称	单位	数量	综合单价	合价
430-2-7-2-7	M25 水泥砂浆	m³			
430-2-7-2-8	M30 水泥砂浆	m³			
430-2-7-2-9	M35 水泥砂浆	m³			
430-2-7-2-10	M40 水泥砂浆	m³			
430-2-7-2-11	M20 双液浆（水泥水玻璃浆）	m³			
430-2-7-2-12	M25 双液浆（水泥水玻璃浆）	m³			
430-2-7-2-13	M30 双液浆（水泥水玻璃浆）	m³			
430-2-7-2-14	M35 双液浆（水泥水玻璃浆）	m³			
430-2-7-2-15	M40 双液浆（水泥水玻璃浆）	m³			
430-2-8	**地下连续墙**				
430-2-8-1	混凝土				
430-2-8-1-1	C20 混凝土	m³			
430-2-8-1-2	C25 混凝土	m³			
430-2-8-1-3	C30 混凝土	m³			
430-2-8-1-4	C35 混凝土	m³			
430-2-8-1-5	C20 水下混凝土	m³			
430-2-8-1-6	C25 水下混凝土	m³			
430-2-8-1-7	C30 水下混凝土	m³			
430-2-8-1-8	C35 水下混凝土	m³			
430-2-8-1-9	C15 水下封底混凝土	m³			
430-2-8-1-10	C20 水下封底混凝土	m³			
430-2-8-1-11	C25 水下封底混凝土	m³			
430-2-8-1-12	C30 水下封底混凝土	m³			
430-2-8-2	钢筋				
430-2-8-2-1	光圆钢筋（HPB300）	kg			
430-2-8-2-2	带肋钢筋（HRB400）	kg			
430-2-9	**沉井**				
430-2-9-1	混凝土				
430-2-9-1-1	C15 水下封底混凝土	m³			
430-2-9-1-2	C20 水下封底混凝土	m³			
430-2-9-1-3	C25 水下封底混凝土	m³			
430-2-9-1-4	C30 水下封底混凝土	m³			

续上表

子目号	子目名称	单位	数量	综合单价	合价
430-2-9-1-5	C35 水下封底混凝土	m³			
430-2-9-1-6	C20 井壁混凝土	m³			
430-2-9-1-7	C25 井壁混凝土	m³			
430-2-9-1-8	C30 井壁混凝土	m³			
430-2-9-1-9	C35 井壁混凝土	m³			
430-2-9-1-10	C15 填芯混凝土	m³			
430-2-9-1-11	C20 填芯混凝土	m³			
430-2-9-1-12	C25 填芯混凝土	m³			
430-2-9-1-13	C20 顶板混凝土	m³			
430-2-9-1-14	C25 顶板混凝土	m³			
430-2-9-1-15	C30 顶板混凝土	m³			
430-2-9-1-16	C35 顶板混凝土	m³			
430-2-9-2	钢筋				
430-2-9-2-1	光圆钢筋（HPB300）	kg			
430-2-9-2-2	带肋钢筋（HRB400）	kg			
430-2-9-3	钢壳	kg			
430-2-10	**锚体混凝土**				
430-2-10-1	垫层混凝土				
430-2-10-1-1	C10 混凝土	m³			
430-2-10-1-2	C15 混凝土	m³			
430-2-10-1-3	C20 混凝土	m³			
430-2-10-1-4	C25 混凝土	m³			
430-2-10-1-5	C30 混凝土	m³			
430-2-10-2	锚块混凝土				
430-2-10-2-1	C20 混凝土	m³			
430-2-10-2-2	C25 混凝土	m³			
430-2-10-2-3	C30 混凝土	m³			
430-2-10-2-4	C35 混凝土	m³			
430-2-10-2-5	C40 混凝土	m³			
430-2-10-2-6	C30 微膨胀防渗混凝土	m³			
430-2-10-3	中墙混凝土				
430-2-10-3-1	C20 混凝土	m³			

续上表

子目号	子目名称	单位	数量	综合单价	合价
430-2-10-3-2	C25 混凝土	m³			
430-2-10-3-3	C30 混凝土	m³			
430-2-10-3-4	C35 混凝土	m³			
430-2-10-4	压重混凝土				
430-2-10-4-1	C15 混凝土	m³			
430-2-10-4-2	C20 混凝土	m³			
430-2-10-4-3	C25 混凝土	m³			
430-2-10-4-4	C15 片石混凝土	m³			
430-2-10-5	散索鞍支墩基础混凝土				
430-2-10-5-1	C20 混凝土	m³			
430-2-10-5-2	C25 混凝土	m³			
430-2-10-5-3	C30 混凝土	m³			
430-2-10-5-4	C35 混凝土	m³			
430-2-10-6	散索鞍支墩混凝土				
430-2-10-6-1	C20 混凝土	m³			
430-2-10-6-2	C25 混凝土	m³			
430-2-10-6-3	C30 混凝土	m³			
430-2-10-6-4	C35 混凝土	m³			
430-2-10-6-5	C40 混凝土	m³			
430-2-10-7	锚室混凝土				
430-2-10-7-1	C25 防渗混凝土	m³			
430-2-10-7-2	C30 防渗混凝土	m³			
430-2-10-7-3	C35 防渗混凝土	m³			
430-2-10-7-4	C25 微膨胀防渗混凝土	m³			
430-2-10-7-5	C30 微膨胀防渗混凝土	m³			
430-2-10-7-6	C35 微膨胀防渗混凝土	m³			
430-2-10-7-7	C30 聚丙烯纤维混凝土	m³			
430-2-10-7-8	C30 聚丙烯纤维防渗混凝土	m³			
430-2-10-8	后浇段混凝土				
430-2-10-8-1	C30 微膨胀混凝土	m³			
430-2-10-9	楼梯混凝土				
430-2-10-9-1	C20 混凝土	m³			

续上表

子目号	子目名称	单位	数量	综合单价	合价
430-2-10-9-2	C25 混凝土	m³			
430-2-10-9-3	C30 混凝土	m³			
430-2-11	**锚体钢筋**				
430-2-11-1	光圆钢筋（HPB300）	kg			
430-2-11-2	带肋钢筋（HRB400）	kg			
430-2-11-3	钢筋焊网	kg			
430-2-12	**锚体劲性骨架**				
430-2-12-1	劲性骨架	kg			
430-2-13	**锚固系统**				
430-2-13-1	预应力钢绞线				
430-2-13-1-1	镀锌钢绞线	kg			
430-2-13-1-2	环氧钢绞线	kg			
430-2-13-1-3	包 PE 钢绞线	kg			
430-2-13-2	连接器及拉杆				
430-2-13-2-1	单索股	套			
430-2-13-2-2	双索股	套			
430-2-13-3	定位支架	kg			
430-2-13-4	防腐油脂	m³			
430-2-14	**附属结构及预埋件钢构件**				
430-2-14-1	检修通道、楼梯、栏杆钢构件				
430-2-14-1-1	普通钢构件	kg			
430-2-14-1-2	不锈钢构件	kg			
430-2-14-2	预埋件钢构件	kg			
430-2-15	**锚体防水**				
430-2-15-1	防水层	m²			
430-2-15-2	止水带	m			
430-3	**索塔及墩台**				
430-3-1	**基坑挖方**				
430-3-1-1	挖土方	m³			
430-3-1-2	挖石方	m³			
430-3-2	**基坑支护**				
430-3-2-1	圬工砌体				

续上表

子目号	子目名称	单位	数量	综合单价	合价
430-3-2-1-1	M7.5 浆砌片石	m^3			
430-3-2-1-2	M7.5 砂浆砌砖	m^3			
430-3-2-2	垫层混凝土				
430-3-2-2-1	C10 混凝土	m^3			
430-3-2-2-2	C15 混凝土	m^3			
430-3-2-2-3	C20 混凝土	m^3			
430-3-2-3	喷射混凝土				
430-3-2-3-1	C20 混凝土	m^3			
430-3-2-3-2	C25 混凝土	m^3			
430-3-2-4	现浇坡面混凝土				
430-3-2-4-1	C10 混凝土	m^3			
430-3-2-4-2	C15 混凝土	m^3			
430-3-2-4-3	C20 混凝土	m^3			
430-3-2-5	钢筋锚杆	kg			
430-3-2-6	钢筋网	kg			
430-3-2-7	铁丝网	kg			
430-3-2-8	基坑回填				
430-3-2-8-1	基坑回填土石方	m^3			
430-3-2-8-2	C20 片石混凝土	m^3			
430-3-2-9	溶蚀溶洞(裂隙)处理				
430-3-2-9-1	C30 混凝土	m^3			
430-3-2-9-2	注水泥浆	m^3			
430-3-2-10	φ36mm PVC 排水管(含钻孔)	m			
430-3-3	**钢围堰**				
430-3-3-1	钢围堰制造	kg			
430-3-3-2	钢围堰落床奠基	kg			
430-3-3-3	混凝土				
430-3-3-3-1	C10 围堰壁内水下混凝土	m^3			
430-3-3-3-2	C15 围堰壁内水下混凝土	m^3			
430-3-3-3-3	C15 水下封底混凝土	m^3			
430-3-3-3-4	C20 水下封底混凝土	m^3			
430-3-3-3-5	C15 混凝土	m^3			

续上表

子目号	子目名称	单位	数量	综合单价	合价
430-3-3-3-6	C20 混凝土	m^3			
430-3-3-3-7	C25 混凝土	m^3			
430-3-4	**钻孔灌注桩**				
430-3-4-1	陆上钻孔灌注桩				
430-3-4-1-1	直径 1.0m	m			
430-3-4-1-2	直径 1.1m	m			
430-3-4-1-3	直径 1.2m	m			
430-3-4-1-4	直径 1.3m	m			
430-3-4-1-5	直径 1.4m	m			
430-3-4-1-6	直径 1.5m	m			
430-3-4-1-7	直径 1.6m	m			
430-3-4-1-8	直径 1.7m	m			
430-3-4-1-9	直径 1.8m	m			
430-3-4-1-10	直径 1.9m	m			
430-3-4-1-11	直径 2.0m	m			
430-3-4-1-12	直径 2.1m	m			
430-3-4-1-13	直径 2.2m	m			
430-3-4-1-14	直径 2.3m	m			
430-3-4-1-15	直径 2.4m	m			
430-3-4-1-16	直径 2.5m	m			
430-3-4-1-17	直径 2.6m	m			
430-3-4-1-18	直径 2.7m	m			
430-3-4-1-19	直径 2.8m	m			
430-3-4-1-20	直径 2.9m	m			
430-3-4-1-21	直径 3.0m	m			
430-3-4-2	水中钻孔灌注桩				
430-3-4-2-1	直径 1.0m	m			
430-3-4-2-2	直径 1.1m	m			
430-3-4-2-3	直径 1.2m	m			
430-3-4-2-4	直径 1.3m	m			
430-3-4-2-5	直径 1.4m	m			
430-3-4-2-6	直径 1.5m	m			

续上表

子目号	子目名称	单位	数量	综合单价	合价
430-3-4-2-7	直径1.6m	m			
430-3-4-2-8	直径1.7m	m			
430-3-4-2-9	直径1.8m	m			
430-3-4-2-10	直径1.9m	m			
430-3-4-2-11	直径2.0m	m			
430-3-4-2-12	直径2.1m	m			
430-3-4-2-13	直径2.2m	m			
430-3-4-2-14	直径2.3m	m			
430-3-4-2-15	直径2.4m	m			
430-3-4-2-16	直径2.5m	m			
430-3-4-2-17	直径2.6m	m			
430-3-4-2-18	直径2.7m	m			
430-3-4-2-19	直径2.8m	m			
430-3-4-2-20	直径2.9m	m			
430-3-4-2-21	直径3.0m	m			
430-3-4-3	钻取混凝土芯样检测(暂定工程量)				
430-3-4-3-1	直径70mm	m			
430-3-4-4	破坏荷载试验用桩(暂定工程量)	m			
430-3-4-5	检测管	kg			
430-3-5	**挖孔灌注桩**				
430-3-5-1	挖孔灌注桩				
430-3-5-1-1	直径1.0m	m			
430-3-5-1-2	直径1.1m	m			
430-3-5-1-3	直径1.2m	m			
430-3-5-1-4	直径1.3m	m			
430-3-5-1-5	直径1.4m	m			
430-3-5-1-6	直径1.5m	m			
430-3-5-1-7	直径1.6m	m			
430-3-5-1-8	直径1.7m	m			
430-3-5-1-9	直径1.8m	m			
430-3-5-1-10	直径1.9m	m			
430-3-5-1-11	直径2.0m	m			

续上表

子目号	子目名称	单位	数量	综合单价	合价
430-3-5-1-12	直径2.1m	m			
430-3-5-1-13	直径2.2m	m			
430-3-5-1-14	直径2.3m	m			
430-3-5-1-15	直径2.4m	m			
430-3-5-1-16	直径2.5m	m			
430-3-5-1-17	直径2.6m	m			
430-3-5-1-18	直径2.7m	m			
430-3-5-1-19	直径2.8m	m			
430-3-5-1-20	直径2.9m	m			
430-3-5-1-21	直径3.0m	m			
430-3-5-1-22	直径3.5m	m			
430-3-5-1-23	直径4.0m	m			
430-3-5-1-24	直径4.5m	m			
430-3-5-1-25	直径5.0m	m			
430-3-5-2	钻取混凝土芯样检测（暂定工程量）				
430-3-5-2-1	直径70mm	m			
430-3-5-3	破坏荷载试验用桩（暂定工程量）	m			
430-3-5-4	检测管	kg			
430-3-6	**桩的垂直静荷载试验**				
430-3-6-1	桩的检验荷载试验（暂定工程量）				
430-3-6-1-1	桩的检验荷载试验（桩径…mm,桩长…m,混凝土强度等级…,荷载…kN）	每一试桩			
430-3-6-2	桩的破坏荷载试验（暂定工程量）				
430-3-6-2-1	桩的破坏荷载试验（桩径…mm,桩长…m,混凝土强度等级…,荷载…kN）	每一试桩			
430-3-7	**索塔混凝土**				
430-3-7-1	垫层混凝土				
430-3-7-1-1	C10混凝土	m³			
430-3-7-1-2	C15混凝土	m³			
430-3-7-1-3	C20混凝土	m³			
430-3-7-2	承台混凝土				
430-3-7-2-1	C30混凝土	m³			

续上表

子目号	子目名称	单位	数量	综合单价	合价
430-3-7-2-2	C35 混凝土	m³			
430-3-7-2-3	C40 混凝土	m³			
430-3-7-3	塔座混凝土				
430-3-7-3-1	C30 混凝土	m³			
430-3-7-3-2	C35 混凝土	m³			
430-3-7-3-3	C40 混凝土	m³			
430-3-7-3-4	C45 混凝土	m³			
430-3-7-3-5	C50 混凝土	m³			
430-3-7-3-6	C55 混凝土	m³			
430-3-7-3-7	C60 混凝土	m³			
430-3-7-4	塔柱混凝土				
430-3-7-4-1	C30 混凝土	m³			
430-3-7-4-2	C35 混凝土	m³			
430-3-7-4-3	C40 混凝土	m³			
430-3-7-4-4	C45 混凝土	m³			
430-3-7-4-5	C50 混凝土	m³			
430-3-7-4-6	C55 混凝土	m³			
430-3-7-4-7	C60 混凝土	m³			
430-3-7-5	横梁混凝土				
430-3-7-5-1	C30 混凝土	m³			
430-3-7-5-2	C35 混凝土	m³			
430-3-7-5-3	C40 混凝土	m³			
430-3-7-5-4	C45 混凝土	m³			
430-3-7-5-5	C50 混凝土	m³			
430-3-7-5-6	C55 混凝土	m³			
430-3-7-5-7	C60 混凝土	m³			
430-3-8	**墩台混凝土**				
430-3-8-1	桥墩混凝土				
430-3-8-1-1	C25 混凝土	m³			
430-3-8-1-2	C30 混凝土	m³			
430-3-8-1-3	C35 混凝土	m³			
430-3-8-1-4	C40 混凝土	m³			

续上表

子目号	子目名称	单位	数量	综合单价	合价
430-3-8-1-5	C45 混凝土	m³			
430-3-8-1-6	C50 混凝土	m³			
430-3-8-1-7	C55 混凝土	m³			
430-3-8-2	桥台混凝土				
430-3-8-2-1	C25 混凝土	m³			
430-3-8-2-2	C30 混凝土	m³			
430-3-8-2-3	C35 混凝土	m³			
430-3-8-2-4	C40 混凝土	m³			
430-3-8-2-5	C45 混凝土	m³			
430-3-8-2-6	C50 混凝土	m³			
430-3-8-2-7	C55 混凝土	m³			
430-3-9	钢筋				
430-3-9-1	光圆钢筋（HPB300）	kg			
430-3-9-2	带肋钢筋（HRB400）	kg			
430-3-9-3	焊接钢筋网	kg			
430-3-10	劲性骨架				
430-3-10-1	劲性骨架	kg			
430-3-11	预应力钢材				
430-3-11-1	后张法预应力钢绞线	kg			
430-3-12	附属结构及预埋件钢构件				
430-3-12-1	检修通道、楼梯、栏杆钢构件				
430-3-12-1-1	普通钢构件	kg			
430-3-12-1-2	不锈钢构件	kg			
430-3-12-2	预埋件钢构件	kg			
430-3-13	气密门与人孔盖板				
430-3-13-1	气密门	套			
430-3-13-2	人孔盖板	套			
430-4	索鞍制造与安装				
430-4-1	主索鞍制造与安装				
430-4-1-1	主索鞍制造	t			
430-4-1-2	主索鞍安装	t			
430-4-1-3	钢格栅制造	t			

续上表

子目号	子目名称	单位	数量	综合单价	合价
430-4-2	散索鞍制造与安装				
430-4-2-1	散索鞍制造	t			
430-4-2-2	散索鞍安装	t			
430-5	主缆及检修道制造与安装				
430-5-1	猫道				
430-5-1-1	猫道架设	总额			
430-5-1-2	猫道拆除	总额			
430-5-2	主缆索股制造				
430-5-2-1	镀锌钢丝制造	t			
430-5-2-2	索股制造	t			
430-5-3	主缆索股架设				
430-5-3-1	主缆索股架设	t			
430-5-3-2	紧缆	m			
430-5-3-3	主缆缠丝	m			
430-5-4	主缆及检修道防护				
430-5-4-1	主缆防腐涂装	m^2			
430-5-4-2	检修道防腐涂装	总额			
430-5-5	检修道制造				
430-5-5-1	检修道制造	m			
430-5-6	检修道安装				
430-5-6-1	检修道安装	m			
430-5-7	主缆防护套制作及安装	t			
430-6	吊索制造与安装				
430-6-1	吊索制造				
430-6-1-1	镀锌钢丝绳吊索制造	t			
430-6-1-2	平行镀锌钢丝吊索制造	t			
430-6-2	吊索安装				
430-6-2-1	镀锌钢丝绳吊索安装	t			
430-6-2-2	平行镀锌钢丝吊索安装	t			
430-7	索夹制造与安装				
430-7-1	索夹制造				
430-7-1-1	骑跨式索夹制造	t			

续上表

子目号	子目名称	单位	数量	综合单价	合价
430-7-1-2	销接式索夹制造	t			
430-7-1-3	无吊索索夹制造	t			
430-7-2	**索夹安装**				
430-7-2-1	骑跨式索夹安装	t			
430-7-2-2	销接式索夹安装	t			
430-7-2-3	无吊索索夹安装	t			
430-8	**主梁**				
430-8-1	**钢箱梁制造与安装**				
430-8-1-1	钢箱梁制造	t			
430-8-1-2	梁外检查车制造	t			
430-8-1-3	钢箱梁工地连接	道			
430-8-1-4	钢结构涂装				
430-8-1-4-1	钢箱梁内表面涂装	m²			
430-8-1-4-2	钢箱梁外表面涂装（不含桥面涂装）	m²			
430-8-1-4-3	桥面涂装	m²			
430-8-1-4-4	梁外检查车涂装	m²			
430-8-1-4-5	附属结构涂装	m²			
430-8-1-5	钢箱梁安装	t			
430-8-1-6	梁外检查车安装	t			
430-8-1-7	梁内检查车	辆			
430-8-2	**钢桁架加劲梁**				
430-8-2-1	钢桁架加劲梁制造	t			
430-8-2-2	钢桁架加劲梁涂装	m²			
430-8-2-3	钢桁架加劲梁安装	t			
430-8-3	**混凝土箱梁**				
430-8-3-1	混凝土				
430-8-3-1-1	C30 混凝土	m³			
430-8-3-1-2	C35 混凝土	m³			
430-8-3-1-3	C40 混凝土	m³			
430-8-3-1-4	C45 混凝土	m³			
430-8-3-1-5	C50 混凝土	m³			
430-8-3-1-6	C55 混凝土	m³			

续上表

子目号	子目名称	单位	数量	综合单价	合价
430-8-3-1-7	C60 混凝土	m³			
430-8-3-2	钢筋				
430-8-3-2-1	光圆钢筋（HPB300）	kg			
430-8-3-2-2	带肋钢筋（HRB400）	kg			
430-8-3-3	预应力钢材				
430-8-3-3-1	后张法预应力钢绞线	kg			
430-8-4	**预制安装混凝土桥面板**				
430-8-4-1	预制安装混凝土桥面板				
430-8-4-1-1	C25 混凝土	m³			
430-8-4-1-2	C30 混凝土	m³			
430-8-4-1-3	C35 混凝土	m³			
430-8-4-1-4	C40 混凝土	m³			
430-8-4-1-5	C45 混凝土	m³			
430-8-4-1-6	C50 混凝土	m³			
430-8-4-2	桥面板混凝土后浇段				
430-8-4-2-1	C25 混凝土	m³			
430-8-4-2-2	C30 混凝土	m³			
430-8-4-2-3	C35 混凝土	m³			
430-8-4-2-4	C40 混凝土	m³			
430-8-4-2-5	C45 混凝土	m³			
430-8-4-2-6	C50 混凝土	m³			
430-8-4-2-7	C40 钢纤维混凝土	m³			
430-8-4-2-8	C50 钢纤维混凝土	m³			
430-8-4-3	钢筋				
430-8-4-3-1	光圆钢筋（HPB300）	kg			
430-8-4-3-2	带肋钢筋（HRB400）	kg			
430-8-4-4	预应力钢材				
430-8-4-4-1	后张法预应力钢绞线	kg			
430-8-4-4-2	先张法预应力钢丝	kg			
430-9	**桥面铺装**				
430-9-1	**沥青混凝土桥面铺装**				
430-9-1-1	沥青玛蹄脂碎石混合料				

续上表

子目号	子目名称	单位	数量	综合单价	合价
430-9-1-1-1	厚 3.0cm	m^2			
430-9-1-1-2	厚 3.5cm	m^2			
430-9-1-1-3	厚 4.0cm	m^2			
430-9-1-1-4	厚 4.5cm	m^2			
430-9-1-1-5	厚 5.0cm	m^2			
430-9-1-1-6	厚 5.5cm	m^2			
430-9-1-1-7	厚 6.0cm	m^2			
430-9-1-1-8	厚 7.0cm	m^2			
430-9-1-2	环氧沥青混凝土				
430-9-1-2-1	厚 2.0cm	m^2			
430-9-1-2-2	厚 2.5cm	m^2			
430-9-1-2-3	厚 3.0cm	m^2			
430-9-1-2-4	厚 3.5cm	m^2			
430-9-1-2-5	厚 4.0cm	m^2			
430-9-1-3	改性沥青混凝土				
430-9-1-3-1	厚 2.5cm	m^2			
430-9-1-3-2	厚 3.0cm	m^2			
430-9-1-3-3	厚 3.5cm	m^2			
430-9-1-3-4	厚 4.0cm	m^2			
430-9-1-3-5	厚 4.5cm	m^2			
430-9-1-3-6	厚 5.0cm	m^2			
430-9-1-3-7	厚 5.5cm	m^2			
430-9-1-3-8	厚 6.0cm	m^2			
430-9-1-4	浇筑式沥青混凝土				
430-9-1-4-1	厚 3.0cm	m^2			
430-9-1-4-2	厚 3.5cm	m^2			
430-9-1-4-3	厚 4.0cm	m^2			
430-9-1-4-4	厚 4.5cm	m^2			
430-9-1-4-5	厚 5.0cm	m^2			
430-9-1-4-6	厚 5.5cm	m^2			
430-9-1-4-7	厚 6.0cm	m^2			
430-9-2	**水泥混凝土桥面铺装**				

续上表

子目号	子目名称	单位	数量	综合单价	合价
430-9-2-1	C30 混凝土	m³			
430-9-2-2	C35 混凝土	m³			
430-9-2-3	C40 混凝土	m³			
430-9-2-4	C45 混凝土	m³			
430-9-2-5	C50 混凝土	m³			
430-9-2-6	C55 混凝土	m³			
430-9-2-7	C60 混凝土	m³			
430-9-3	防水层				
430-9-3-1	桥面防水层	m²			
430-9-3-2	防水层	m²			
430-9-4	泄水管				
430-9-4-1	铸铁泄水管	kg			
430-9-4-2	钢管泄水管	kg			
430-9-4-3	PVC 泄水管				
430-9-4-3-1	DN50mmPVC-U 管	m			
430-9-4-3-2	DN110mmPVC-U 管	m			
430-9-4-3-3	DN200mmPVC-U 管	m			
430-9-4-3-4	DN250mmPVC-U 管	m			
430-9-4-3-5	DN300mmPVC-U 管	m			
430-9-4-3-6	DN350mmPVC-U 管	m			
430-9-4-3-7	DN400mmPVC-U 管	m			
430-9-5	防水黏层				
430-9-5-1	普通沥青防水黏层	m²			
430-9-5-2	改性沥青防水黏层	m²			
430-9-5-3	环氧沥青防水黏层	m²			
430-10	支座				
430-10-1	竖向支座制造与安装				
430-10-1-1	竖向支座制造				
430-10-1-1-1	LYQZ2500/1000KN-DX 单向活动拉压球型钢支座	套			
430-10-1-1-2	QZ3000SX 双向活动拉压球型钢支座	套			
430-10-1-2	竖向支座安装				

续上表

子目号	子目名称	单位	数量	综合单价	合价
430-10-1-2-1	LYQZ2500/1000KN-DX 单向活动拉压球型钢支座	套			
430-10-1-2-2	QZ3000SX 双向活动拉压球型钢支座	套			
430-10-2	**横向支座制造与安装**				
430-10-2-1	横向抗风支座制造				
430-10-2-1-1	2500kN 双向活动盆式橡胶支座	套			
430-10-2-1-2	1000kN 双向活动盆式橡胶支座	套			
430-10-2-2	横向抗风支座安装				
430-10-2-2-1	2500kN 双向活动盆式橡胶支座	套			
430-10-2-2-2	1000kN 双向活动盆式橡胶支座	套			
430-10-3	**阻尼支座制造与安装**				
430-10-3-1	阻尼支座制造				
430-10-3-1-1	阻尼力 2000kN	套			
430-10-3-2	阻尼支座安装				
430-10-3-2-1	阻尼力 2000kN	套			
430-11	**伸缩装置**				
430-11-1	**伸缩装置制造**				
430-11-1-1	伸缩量 1200mm	m			
430-11-1-2	伸缩量 1440mm	m			
430-11-2	**伸缩装置安装**				
430-11-2-1	伸缩量 1200mm	m			
430-11-2-2	伸缩量 1440mm	m			
430-12	**混凝土结构涂装**				
430-12-1	**混凝土结构表面涂装**				
430-12-1-1	涂料涂层				
430-12-1-1-1	主塔涂装	m^2			
430-12-1-1-2	锚碇区、主桥引桥涂装	m^2			
430-12-1-1-3	锚碇涂装	m^2			
430-12-1-2	硅烷浸渍	m^2			
430-13	**除湿系统**				
430-13-1	**钢箱梁除湿系统制造与安装**				
430-13-1-1	钢箱梁除湿系统制造	套			

续上表

子目号	子目名称	单位	数量	综合单价	合价
430-13-1-2	钢箱梁除湿系统安装	套			
430-13-2	**锚室内除湿系统制造与安装**				
430-13-2-1	锚室除湿系统制造	套			
430-13-2-2	锚室除湿系统安装	套			
430-13-3	**主索鞍除湿系统制造与安装**				
430-13-3-1	主索鞍除湿系统制造	套			
430-13-3-2	主索鞍除湿系统安装	套			
430-13-4	**散索鞍除湿系统制造与安装**				
430-13-4-1	散索鞍除湿系统制造	套			
430-13-4-2	散索鞍除湿系统安装	套			
430-13-5	**主缆除湿系统制造与安装**				
430-13-5-1	主缆除湿系统制造	套			
430-13-5-2	主缆除湿系统安装	套			
430-14	**助航系统**				
430-14-1	航空障碍灯	盏			
430-14-2	桥涵标	处			
430-15	**防雷及接地系统**				
430-15-1	避雷针	套			
430-15-2	引下线	m			
430-15-3	接地体	套			
430-16	**索塔电梯(升降机)**				
430-16-1	索塔电梯(升降机)	套			
430-17	**索塔(桥墩)防撞装置**				
430-17-1	索塔防撞装置	每一索塔			
430-17-2	桥墩防撞装置	每一桥墩			
430-18	**桥面系钢构件**	t			

2 计量规范

4.4.30 悬索桥

本节包括通则、锚碇、索塔及墩台、索鞍制造与安装、主缆及检修道制造与安装、吊索制造与安装、索夹制造与安装、主梁、桥面铺装、支座、伸缩装置、混凝土结构涂装、除湿系统、助航系统、防雷及接地系统、索塔电梯(升降机)、索塔(桥墩)防撞装置、桥面系钢构件。

4.4.30.1 通则

通则包括桥梁荷载试验、施工监控、健康监测。工程量清单项目分项计量规则应按表 4.4.30.1 的规定执行。

通 则　　　　　　　　　　　　　　　表 4.4.30.1

子目号	子目名称	单位	工程量计量规则	工程内容
430	悬索桥			
430-1	通则			
430-1-1	桥梁荷载试验(暂估价)	总额	依据图纸及桥梁荷载试验委托合同中约定的试验项目以暂估价形式按总额为单位计量	1.选择有资质的单位签订桥梁荷载试验委托合同； 2.按图纸所示及合同约定的测试项目现场试验； 3.数据采集、分析,编写提交试验报告
430-1-2	桥梁施工监控(暂估价)	总额	依据图纸及施工监控委托合同中约定的监控项目以暂估价形式按总额为单位计量	1.选择有资质的单位签订施工监控委托合同； 2.按图纸所示及合同约定的测试项目及量测频率对现场实施施工监控； 3.数据采集、分析,编写提交施工监控报告
430-1-3	深基坑监控(暂估价)	总额	依据图纸及深基坑监控委托合同中约定的监控项目以暂估价形式按总额为单位计量	1.选择有资质的单位签订深基坑监控委托合同； 2.按图纸所示及合同约定的测试项目及量测频率对深基坑进行监控； 3.数据采集、分析,编写提交监控报告
430-1-4	桥梁健康监测(暂估价)	总额	依据图纸及健康监测委托合同中约定的监测项目以暂估价形式按总额为单位计量	1.选择有资质的单位签订健康监测委托合同； 2.按图纸所示及合同约定的监测项目及监测频率对桥梁结构实施监测； 3.数据采集、分析,编写提交监测报告

续上表

子目号	子目名称	单位	工程量计量规则	工 程 内 容
430-1-5	地质钻探及取样试验（暂定工程量）	m	按实际发生的地质钻探及取样试验分不同钻径以米为单位计量	1.场地清理； 2.钻机安拆、钻探； 3.取样、试验
430-1-6	隧道锚模型现场拉拔试验（暂估价）	总额	按图纸所示及委托试验合同项目约定的试验项目以暂估价形式按总额为单位计量	1.选择有资质的单位签订隧道锚模型现场拉拔试验委托合同； 2.按图纸所示及合同约定的测试项目现场试验； 3.数据采集、分析，编写报告
430-1-7	混凝土与基岩及摩擦系数试验（暂估价）	总额	依据图纸及混凝土与基岩及摩擦系数试验委托合同中约定的试验项目以暂估价形式按总额为单位计量	1.选择有资质的单位签订混凝土与基岩及摩擦系数试验委托合同； 2.按图纸所示及合同约定的测试项目现场试验； 3.数据采集、分析，编写提交试验报告

4.4.30.2 锚碇

锚碇包括基坑挖方、基坑支护、基坑回填、隧道锚隧道洞身开挖、隧道锚隧道洞身支护、隧道锚隧道洞身衬砌、隧道锚隧道洞周注浆、地下连续墙、沉井、锚体混凝土、锚体钢筋、锚体劲性骨架、锚固系统、附属结构及预埋件钢构件、锚体防水。工程量清单项目分项计量规则应按表4.4.30.2的规定执行。

锚 碇

表4.4.30.2

子目号	子目名称	单位	工程量计量规则	工 程 内 容
430-2	**锚碇**			
430-2-1	**基坑挖方**			
430-2-1-1	挖土方	m³	依据图纸所示位置、断面尺寸及挖方数量，分别按土、石，以立方米为单位计量	1.场地清理； 2.围堰、排水； 3.基坑开挖（包括石方钻爆）； 4.出渣； 5.基坑检查、修整； 6.弃方清运
430-2-1-2	挖石方	m³		
430-2-2	**基坑支护**			
430-2-2-1	浆砌片石	m³	依据图纸所示位置和铺砌厚度、水泥砂浆强度，按照铺砌体积以立方米为单位计量	1.清理边坡，坡面夯实； 2.砂浆拌制； 3.浆砌片石； 4.勾缝、抹面、养生； 5.清理现场

续上表

子目号	子目名称	单位	工程量计量规则	工程内容
430-2-2-2	垫层混凝土	m^3	依据图纸所示位置和断面尺寸,按照不同强度等级混凝土体积以立方米为单位计量	1.基底清理; 2.基坑排水; 3.混凝土配运料、拌和、运输、浇筑、养生; 4.施工缝、沉降缝设置处理
430-2-2-3	喷射混凝土	m^3	1.依据图纸所示位置及喷射厚度,按照不同强度等级混凝土体积以立方米为单位计量; 2.直径小于200mm的管子、钢筋、锚固件、管道、泄水孔等所占混凝土体积不予扣除	1.岩面清理; 2.设备安装与拆除; 3.混凝土拌制; 4.喷射; 5.养护
430-2-2-4	现浇坡面混凝土	m^3	依据图纸所示位置及断面尺寸,按照不同强度等级混凝土体积以立方米为单位计量	1.清理边坡,坡面夯实; 2.模板制作、安装、拆除; 3.混凝土配运料、拌和、运输、浇筑、养生; 4.清理现场
430-2-2-5	钢筋锚杆	kg	依据图纸所示位置,按照锚杆设计长度和规格计算重量以千克为单位计量	1.清理坡面; 2.支架搭设与拆除; 3.钻孔、清孔; 4.制作安放锚杆; 5.灌浆
430-2-2-6	预应力钢筋锚杆	kg	依据图纸所示位置,按照锚杆设计长度和规格计算重量以千克为单位计量	1.坡面清理; 2.脚手架安设、拆除、完工清理和保养; 3.钻孔、清孔、套管装拔; 4.锚杆制作、安装; 5.浆液制备、一次注浆、锚固; 6.张拉、二次注浆
430-2-2-7	预应力锚索	kg	依据图纸所示位置和钢绞线规格,按照锚索预应力钢绞线重量以千克为单位计量	1.坡面清理; 2.脚手架安设、拆除、完工清理和保养; 3.钻孔、清孔; 4.锚索成束、支架及导向头制作安装、锚固; 5.浆液制备、注浆、养护; 6.锚头防腐处理、封锚

续上表

子目号	子目名称	单位	工程量计量规则	工程内容
430-2-2-8	钢筋网	kg	1.依据图纸所示位置,按照设计数量以千克为单位计量; 2.因搭接而增加的钢筋网不予计入	1.清理坡面; 2.钢筋网安设、支承及固定
430-2-2-9	铁丝网	kg	1.依据图纸所示位置,按照设计数量以千克为单位计量; 2.因搭接而增加的铁丝网不予计入	1.清理坡面; 2.铁丝网安设、支承及固定
430-2-2-10	混凝土框格梁	m³	依据图纸所示位置及断面尺寸,按照不同强度等级混凝土浇筑体积以立方米为单位计量	1.边坡清理; 2.模板制作、安装、拆除; 3.混凝土制作、运输、浇筑、养生; 4.清理现场
430-2-2-11	护栏	m	依据图纸所示位置和断面尺寸,按图示护栏长度以米为单位计量	1.沿基坑边坡清理,基槽开挖; 2.基础混凝土制作、运输、钢管柱埋设、浇筑、振捣、养生; 3.钢筋焊接、网面安装
430-2-2-12	排水设施			
430-2-2-12-1	φ25mm PVC排水管	m	1.依据图纸所示位置及排水管材质,按照不同管径排水管长度以米为单位计量; 2.钻孔作为附属工作,不另行计量	1.搭拆脚手架; 2.安拆钻机; 3.布眼、钻孔、清孔; 4.管体制作; 5.安装排水管,排水口处理; 6.现场清理
430-2-2-12-2	φ36mm PVC排水管	m	1.依据图纸所示位置及排水管材质,按照不同管径排水管长度以米为单位计量; 2.钻孔作为附属工作,不另行计量	1.搭拆脚手架; 2.安拆钻机; 3.布眼、钻孔、清孔; 4.管体制作; 5.安装排水管,排水口处理; 6.现场清理

续上表

子目号	子目名称	单位	工程量计量规则	工程内容
430-2-2-12-3	M10浆砌片石截（汇）水沟	m^3	依据图纸所示位置及断面尺寸,按照不同强度等级水泥砂浆砌筑的片石的体积以立方米为单位计量	1.场地清理； 2.基础开挖； 3.铺设垫层； 4.砂浆拌制； 5.浆砌片石、勾缝、抹面、养生； 6.回填
430-2-2-12-4	C15混凝土排水沟	m^3	依据图纸所示位置及断面尺寸,按照不同强度等级混凝土体积以立方米为单位计量	1.场地清理； 2.地基平整夯实,断面补挖； 3.铺设垫层； 4.模板制作、安装、拆除； 5.混凝土拌和、运输、浇筑、养生； 6.回填
430-2-2-13	钢筋	kg	1.依据图纸所示及钢筋表所列钢筋重量以千克为单位计量； 2.固定钢筋的材料、定位架立钢筋、钢筋接头、吊装钢筋、钢板、铁丝作为钢筋作业的附属工作,不另行计量	1.钢筋的保护、储存及除锈； 2.钢筋整直、接头； 3.钢筋截断、弯曲； 4.钢筋安设、支承及固定
430-2-2-14	被动防护	m^2	依据图纸所示不同型号以平方米为单位计量	1.场地清理； 2.混凝土拌和、运输、浇筑、养生； 3.防护网各构件的制作、运输及安装； 4.防护网各构件的调型
430-2-3	**基坑回填**			
430-2-3-1	基坑回填土石方	m^3	依据图纸所示基坑回填土石方数量,按照压实的体积以立方米为单位计量	1.借土场征用与复垦； 2.借土场场地清理； 3.挖、装、运、卸车； 4.分层摊铺、压实
430-2-3-2	基坑回填混凝土	m^3	依据图纸所示位置和断面尺寸,按照不同强度等级混凝土体积以立方米为单位计量	混凝土配运料、拌和、运输、浇筑、养生

续上表

子目号	子目名称	单位	工程量计量规则	工程内容
430-2-4	隧道锚隧道洞身开挖			
430-2-4-1	挖土方	m³	依据图纸所示成洞断面（不计允许超挖值及预留变形量的设计净断面）计算开挖体积，不分围岩级别，以立方米为单位计量	1.钻孔爆破； 2.风、水、电作业及通风防尘； 3.粉尘、有害气体、可燃气体量测监控及防护； 4.临时支护及临时防排水； 5.装渣、运输、卸车； 6.填料分理、弃渣场征用、弃土整形、压实、复垦
430-2-4-2	挖石方	m³		
430-2-5	隧道锚隧道洞身支护			
430-2-5-1	管棚	m	依据设计图纸所示位置及尺寸，按钢管长度分不同的规格以米为单位计量	1.场地清理； 2.搭拆工作平台； 3.布眼、钻孔、清孔； 4.钢管（含孔口管）制作、运输、就位、顶进； 5.浆液制作、注浆、检查、堵孔
430-2-5-2	小导管	m	依据设计图纸所示位置及尺寸，按钢管长度分不同的规格以米为单位计量	1.场地清理； 2.搭拆工作平台； 3.布眼、钻孔、清孔； 4.钢管制作、就位、顶进； 5.浆液制作、注浆、检查、堵孔
430-2-5-3	钢支撑	kg	1.依据设计图纸所示位置及尺寸，按钢材质量分不同的规格、型号以千克为单位计量； 2.锁脚锚杆、钢支撑纵向连接作为附属工作，不另行计量； 3.连接钢板、螺栓、螺帽、拉杆、垫圈为钢支撑的附属工作，均不另行计量	1.场地清理； 2.搭拆工作平台； 3.钢支撑加工； 4.支撑架成型； 5.钢架修整、焊接； 6.安装就位、紧固螺栓； 7.锁脚锚杆安装； 8.钢支撑纵向连接

续上表

子目号	子目名称	单位	工程量计量规则	工程内容
430-2-5-4	砂浆锚杆	m	依据设计图纸所示位置及尺寸,按锚杆长度分不同直径以米为单位计量	1.搭、拆、移作业平台; 2.锚杆及附件制作、运输; 3.布眼、钻孔、清孔; 4.浆液制作、注浆; 5.锚杆就位、顶进、锚固
430-2-5-5	中空注浆锚杆	m	依据设计图纸所示位置及尺寸,按锚杆长度分不同直径以米为单位计量	1.搭、拆、移作业平台; 2.锚杆及附件制作、运输; 3.布眼、钻孔、清孔; 4.锚杆就位、顶进; 5.浆液制作、注浆、锚固
430-2-5-6	自钻式锚杆	m	依据设计图纸所示位置及尺寸,按锚杆长度分不同直径以米为单位计量	1.搭、拆、移作业平台; 2.锚杆及附件制作、运输; 3.锚杆就位、布眼、钻进; 4.浆液制作、注浆、锚固
430-2-5-7	预应力锚杆	m	依据设计图纸所示位置及尺寸,按锚杆长度分不同直径以米为单位计量	1.搭、拆、移作业平台; 2.锚杆及附件制作、运输; 3.布眼、钻孔、清孔; 4.锚杆安装、就位; 5.浆液制作、注浆; 6.预应力张拉、锚固; 7.二次注浆; 8.封锚
430-2-5-8	金属网	kg	1.依据设计图纸所示位置及尺寸,按金属网质量分不同材质以千克为单位计量; 2.金属网锚固件为金属网的附属工作,不另行计量	1.搭、拆、移作业平台; 2.布眼、钻孔、清孔、安设锚固件; 3.挂网、绑扎、焊接、加固
430-2-5-9	喷射混凝土	m^3	1.依据设计图纸所示位置及尺寸,按喷射混凝土体积分不同强度等级以立方米为单位计量; 2.直径小于200mm的管子、钢筋、锚固件、管道、泄水孔等所占混凝土体积不予扣除	1.冲洗岩面; 2.安、拆、移喷射设备; 3.搭、拆、移作业平台; 4.配、拌、运混凝土; 5.上料、喷射、养生

续上表

子目号	子目名称	单位	工程量计量规则	工程内容
430-2-6	隧道锚隧道洞身衬砌			
430-2-6-1	复合防水层	m²	1.依据图纸所示位置及尺寸,按复合防水层的面积以平方米为单位计量; 2.土工布、止水带、止水条、防水板、防水涂料、排水管、透水管等作为复合防水层的附属工作,不另行计量	1.场地清理; 2.搭、拆、移作业平台; 3.基面处理; 4.防水材料加工; 5.复合防水层(包括土工布、止水带、止水条、防水板、防水涂料、排水管、透水管等)施工
430-2-6-2	混凝土	m³	1.依据图纸所示位置及尺寸,按混凝土体积分不同强度等级以立方米为单位计量; 2.直径小于200mm的管子、钢筋、锚固件、管道、泄水孔等所占混凝土体积不予扣除	1.场地清理; 2.模板制作、安装、拆除; 3.混凝土配运料、拌和、运输、浇筑、养生; 4.设置施工缝、沉降缝
430-2-6-3	钢筋	kg	1.依据图纸所示及钢筋表所列钢筋重量以千克为单位计量; 2.固定钢筋的材料、钢筋接头、吊装钢筋、铁丝作为钢筋作业的附属工作,不另行计量	1.钢筋的保护、储存及除锈; 2.钢筋整直、接头; 3.钢筋截断、弯曲; 4.钢筋安设、支承及固定
430-2-7	隧道锚隧道洞周注浆			
430-2-7-1	钻孔	m	依据设计图纸位置,按钻孔长度分不同直径以米为单位计量	1.场地清理; 2.安、拆、移钻机; 3.搭、拆、移作业平台; 4.布眼、钻孔、清孔
430-2-7-2	注浆	m³	依据设计图纸位置,按浆液体积分不同强度以立方米为单位计量	1.场地清理; 2.安、拆、移注浆机; 3.搭、拆、移作业平台; 4.顶进注浆钢管; 5.配、拌、运浆液; 6.压浆、堵孔

续上表

子目号	子目名称	单位	工程量计量规则	工程内容
430-2-8	地下连续墙			
430-2-8-1	混凝土	m³	1.依据图纸所示位置及尺寸,按混凝土体积分不同强度等级以立方米为单位计量; 2.直径小于200mm的管子、钢筋、锚固件、管道、泄水孔等所占混凝土体积不予扣除	1.场地清理; 2.导墙制作; 3.泥浆配置; 4.成槽; 5.混凝土配运料、拌和、运输; 6.灌注水下混凝土
430-2-8-2	钢筋	kg	1.依据图纸所示及钢筋表所列钢筋重量以千克为单位计量; 2.固定钢筋的材料、钢筋接头、吊装钢筋、铁丝作为钢筋作业的附属工作,不另行计量	1.钢筋的保护、储存及除锈; 2.钢筋整直、接头; 3.钢筋截断、弯曲; 4.钢筋安设、支承及固定
430-2-9	沉井			
430-2-9-1	混凝土	m³	1.依据图纸所示位置及尺寸,按图示混凝土体积分不同强度等级以立方米为单位计量; 2.直径小于200mm的管子、钢筋、锚固件、管道、泄水孔等所占混凝土体积不予扣除	1.制作场地建设; 2.刃脚、井壁制作、拼装、浮运、定位、下沉、空气幕助沉、接高、围堰、筑岛; 3.井内土石开挖、弃运; 4.配、拌、运混凝土; 5.浇筑、振捣、养生
430-2-9-2	钢筋	kg	1.依据图纸所示及钢筋表所列钢筋重量以千克为单位计量; 2.固定钢筋的材料、钢筋接头、吊装钢筋、铁丝作为钢筋作业的附属工作,不另行计量	1.钢筋的保护、储存及除锈; 2.钢筋整直、接头; 3.钢筋截断、弯曲; 4.钢筋安设、支承及固定
430-2-9-3	钢壳	kg	依据设计图纸所示,按钢壳的钢材质量以千克为单位计量	1.场地清理; 2.钢材加工; 3.胎架制造; 4.钢壳制作; 5.钢壳就位、安装
430-2-10	锚体混凝土			

31

续上表

子目号	子目名称	单位	工程量计量规则	工程内容
430-2-10-1	垫层混凝土	m³	1.依据图纸所示体积,分不同结构类型及混凝土强度等级,以立方米为单位计量; 2.直径小于200mm的管子、钢筋、锚固件、管道等所占混凝土体积不予扣除	1.场地清理; 2.搭拆作业平台、支架; 3.安拆模板; 4.预埋件制作与设置; 5.混凝土配运料、拌和、运输、浇筑、振捣、养生; 6.施工缝、沉降缝设置处理; 7.冷却管制作、安装; 8.通水冷却及测温
430-2-10-2	锚块混凝土	m³		
430-2-10-3	中墙混凝土	m³		
430-2-10-4	压重混凝土	m³		
430-2-10-5	散索鞍支墩基础混凝土	m³		
430-2-10-6	散索鞍支墩混凝土	m³		
430-2-10-7	锚室混凝土	m³		
430-2-10-8	后浇段混凝土	m³		
430-2-10-9	楼梯混凝土	m³		
430-2-11	锚体钢筋	kg	1.依据图纸所示及钢筋表所列钢筋重量以千克为单位计量; 2.固定钢筋的材料、钢筋接头、吊装钢筋、铁丝作为钢筋作业的附属工作,不另行计量	1.钢筋的保护、储存及除锈; 2.钢筋整直、接头; 3.钢筋截断、弯曲; 4.钢筋安设、支承及固定
430-2-12	锚体劲性骨架			
430-2-12-1	劲性骨架	kg	1.依据图纸所示及材料表所列劲性骨架重量以千克为单位计量; 2.固定劲性骨架的材料、劲性骨架接头、吊装作为劲性骨架作业的附属工作,不另行计量	1.劲性骨架制作; 2.劲性骨架安装
430-2-13	锚固系统			
430-2-13-1	预应力钢绞线	kg	依据图纸所示两端锚具间的理论长度计算的预应力钢绞线重量,以千克为单位计量	1.制作安装预应力钢绞线; 2.制作安装管道; 3.制作安装锚头、锚具、锚板; 4.张拉; 5.锚头防护
430-2-13-2	连接器及拉杆			
430-2-13-2-1	单索股	套	依据图纸所示,按单索股连接器及拉杆的数量以套为单位计量	1.连接器、拉杆及其附件制作; 2.接器、拉杆及其附件安装

续上表

子目号	子目名称	单位	工程量计量规则	工程内容
430-2-13-2-2	双索股	套	依据图纸所示,按双索股连接器及拉杆的数量以套为单位计量	1.连接器、拉杆及其附件制作; 2.接器、拉杆及其附件安装
430-2-13-3	定位支架	kg	依据图纸所示锚固系统定位支架钢结构重量,以千克为单位计量	1.定位支架的加工与安装; 2.定位支架固定、加固
430-2-13-4	防腐油脂	m³	依据图纸所示,按锚固系统防腐油脂的体积以立方米为单位计量	防腐油脂制作及加注
430-2-14	**附属结构及预埋件钢构件**			
430-2-14-1	检修通道、楼梯、栏杆钢构件	kg	依据图纸所示,按锚碇检修通道、楼梯、栏杆钢构件的重量以千克为单位计量	1.构件加工; 2.构件安装; 3.防腐涂装
430-2-14-2	预埋件钢构件	kg	1.依据图纸所示,按锚碇预埋件钢构件的重量以千克为单位计量; 2.按图纸设置的预埋件钢筋在相应钢筋子目计量	1.预埋件制作、安装; 2.防腐涂装及保护
430-2-15	**锚体防水**			
430-2-15-1	防水层	m²	依据图纸所示,按防水层面积以平方米为单位计量	1.场地清理; 2.搭、拆、移作业平台; 3.基面处理; 4.防水层施工
430-2-15-2	止水带	m	依据图纸所示位置及规格,按止水带长度以米为单位计量	1 缝隙设置; 2.固定架安装; 3.止水带安装、拉紧、固定; 4.接头黏结

4.4.30.3 索塔及墩台

索塔及墩台包括基坑挖方、基坑支护、钢围堰、钻孔灌注桩、挖孔灌注桩、桩的垂直静荷载试验、索塔混凝土、墩台混凝土、钢筋、劲性骨架、预应力钢材、附属结构及预埋件钢构件、气密门与人孔盖板。工程量清单项目分项计量规则应按表4.4.30.3的规定执行。

索 塔 及 墩 台　　　　　　表 4.4.30.3

子目号	子目名称	单位	工程量计量规则	工程内容
430-3	**索塔及墩台**			
430-3-1	**基坑挖方**			
430-3-1-1	挖土方	m³	依据图纸所示位置、断面尺寸及挖方数量,分别按土、石,以立方米为单位计量	1.场地清理; 2.围堰、排水; 3.基坑开挖(包括石方钻爆); 4.出渣; 5.基坑检查、修整; 6.弃方清运
430-3-1-2	挖石方	m³		
430-3-2	**基坑支护**			
430-3-2-1	圬工砌体	m³	依据图纸所示位置、铺砌厚度及水泥砂浆强度,按照铺砌体积以立方米为单位计量	1.清理边坡,坡面夯实; 2.砂浆拌制; 3.砌筑; 4.勾缝、抹面、养生; 5.清理现场
430-3-2-2	垫层混凝土	m³	依据图纸所示位置和断面尺寸,按照不同强度等级混凝土体积以立方米为单位计量	1.基底清理; 2.基坑排水; 3.混凝土配运料、拌和、运输、浇筑、养生; 4.施工缝、沉降缝设置处理
430-3-2-3	喷射混凝土	m³	依据图纸所示位置及喷射厚度,按照不同强度等级混凝土体积以立方米为单位计量	1.岩面清理; 2.设备安装与拆除; 3.混凝土拌制; 4.喷射; 5.养护
430-3-2-4	现浇坡面混凝土	m³	依据图纸所示位置及断面尺寸,按照不同强度等级混凝土体积以立方米为单位计量	1.清理边坡,坡面夯实; 2.模板制作、安装、拆除; 3.混凝土配运料、拌和、运输、浇筑、养生; 4.清理现场
430-3-2-5	钢筋锚杆	kg	依据图纸所示位置,按照锚杆设计长度和规格计算重量以千克为单位计量	1.清理坡面; 2.支架搭设与拆除; 3.钻孔、清孔; 4.制作安放锚杆; 5.灌浆

续上表

子目号	子目名称	单位	工程量计量规则	工程内容
430-3-2-6	钢筋网	kg	1.依据图纸所示位置,按照设计数量以千克为单位计量; 2.因搭接而增加的钢筋网不予计入	1.清理坡面; 2.钢筋网安设、支承及固定
430-3-2-7	铁丝网	kg	1.依据图纸所示位置,按照设计数量以千克为单位计量; 2.因搭接而增加的铁丝网不予计入	1.清理坡面; 2.铁丝网安设、支承及固定
430-3-2-8	基坑回填			
430-3-2-8-1	基坑回填土石方	m³	依据图纸所示基坑回填土石方数量,按照压实的体积以立方米为单位计量	1.借土场征用与复垦; 2.借土场场地清理; 3.挖、装、运、卸车; 4.分层摊铺、压实
430-3-2-8-2	C20片石混凝土	m³	依据图纸所示基坑回填混凝土数量,按照压实的体积以立方米为单位计量	1.混凝土配运料、拌和; 2.运输; 3.浇筑、养生
430-3-2-9	溶蚀溶洞(裂隙)处理			
430-3-2-9-1	C30混凝土	m³	依据图纸所示位置和范围,按照不同强度等级的混凝土体积以立方米为单位计量	1.清除覆土; 2.炸开顶板; 3.地下水疏导引离; 4.挖除充填物; 5.模板制作、安装、拆除; 6.混凝土拌和、运输、浇筑、养生
430-3-2-9-2	注水泥浆	m³	依据图纸所示位置和范围,按照水泥浆的体积以立方米为单位计量	1.钻孔; 2.浆液制备; 3.注浆; 4.封孔; 5.场地清理
430-3-2-10	φ36mm PVC排水管(含钻孔)	m	1.依据图纸所示位置及排水管材质,按照不同管径排水管长度以米为单位计量; 2.钻孔作为附属工作,不另行计量	1.搭拆脚手架; 2.安拆钻机; 3.布眼、钻孔、清孔; 4.管体制作; 5.安装排水管,排水口处理; 6.现场清理

续上表

子目号	子目名称	单位	工程量计量规则	工 程 内 容
430-3-3	钢围堰			
430-3-3-1	钢围堰制造	kg	依据图纸所示钢围堰钢材的净重量,以千克为单位计量	1.钢材预处理及下料、整平、矫正、焊接、组装; 2.胎架制作与拆除; 3.预拼装; 4.运输到工地; 5.配合工地安装; 6.工地焊接
430-3-3-2	钢围堰落床奠基	kg	依据图纸所示钢围堰钢材的净重量,以千克为单位计量	1.吊装机具安装与拆除; 2.锚固系统安装与拆除; 3.吊装、落床、就位
430-3-3-3	混凝土	m³	依据图纸所示位置及尺寸,按图示混凝土体积分不同强度等级以立方米为单位计量	混凝土配运料、拌和、运输、浇筑、养生
430-3-4	钻孔灌注桩			
430-3-4-1	陆上钻孔灌注桩	m	1.依据图纸所示桩长及混凝土强度等级,按照不同桩径的桩长以米为单位计量; 2.施工时水深小于2m(含2m)的为陆上钻孔灌注桩; 3.桩长为桩底高程至承台底面	1.安设护筒及设置钻孔平台; 2.钻机安、拆、就位; 3.钻孔、成孔、成孔检查; 4.混凝土制拌、运输、浇筑; 5.破桩头
430-3-4-2	水中钻孔灌注桩	m	1.依据图纸所示桩长及混凝土强度等级,按照不同桩径的桩长以米为单位计量; 2.施工时水深大于2m的为水中钻孔灌注桩; 3.桩长为桩底高程至承台底面或系梁底面	1.搭设水中钻孔平台、筑岛或围堰; 2.钻机安、拆、就位; 3.钻孔、成孔、成孔检查; 4.混凝土制拌、运输、浇筑; 5.破桩头
430-3-4-3	钻取混凝土芯样检测(暂定工程量)	m	1.按实际钻取的混凝土芯样长度,分不同钻径以米为单位计量; 2.如混凝土质量合格,钻取的芯样给予计量,否则,不予计量	1.场地清理; 2.钻机安拆、钻芯; 3.取样、试验

续上表

子目号	子目名称	单位	工程量计量规则	工程内容
430-3-4-4	破坏荷载试验用桩（暂定工程量）	m	依据图纸所示桩长及混凝土强度等级，按照不同桩径的桩长以米为单位计量	1.钻孔平台搭设、筑岛或围堰； 2.钻机安、拆，就位； 3.钻孔、成孔、成孔检查； 4.混凝土制拌、运输、浇筑； 5.破桩头
430-3-4-5	检测管	kg	1.依据图纸所示设置的混凝土无破损检测用钢管，按照图纸所示钢管重量以千克为单位计量； 2.钢管接头、固定件作为附属工作，不另行计量	检测管制作、安装、固定
430-3-5	**挖孔灌注桩**			
430-3-5-1	挖孔灌注桩	m	1.依据图纸所示桩长及混凝土强度等级，按照不同桩径的桩长以米为单位计量； 2.桩长为桩底高程至承台底面或系梁底面。对于与桩连为一体的柱式墩台，如无承台或系梁时，则以桩位处原始地面线为分界线，地面线以下部分为灌注桩桩长，若图纸有标示的，以图纸标示为准	1.设置支撑与护壁； 2.挖孔、清孔、通风、钎探、排水； 3.混凝土制拌、运输、浇筑； 4.破桩头
430-3-5-2	钻取混凝土芯样检测（暂定工程量）	m	1.按实际钻取的混凝土芯样长度，分不同钻径以米为单位计量； 2.如混凝土质量合格，钻取的芯样给予计量，否则，不予计量	1.场地清理； 2.钻机安拆、钻芯； 3.取样、试验
430-3-5-3	破坏荷载试验用桩（暂定工程量）	m	依据图纸所示桩长及混凝土强度等级，按照不同桩径的桩长以米为单位计量	1.设置支撑与护壁； 2.挖孔、清孔、通风、钎探、排水； 3.混凝土制拌、运输、浇筑； 4.破桩头

续上表

子目号	子目名称	单位	工程量计量规则	工程内容
430-3-5-4	检测管	kg	1.依据图纸所示设置的混凝土无破损检测用钢管,按照图纸所示钢管重量以千克为单位计量; 2.钢管接头、固定件作为附属工作,不另行计量	检测管制作、安装、固定
430-3-6	桩的垂直静荷载试验			
430-3-6-1	桩的检验荷载试验(暂定工程量)	每一试桩	1.依据图纸及桩的检验荷载试验委托合同,在图纸所示位置现场进行桩的检验荷载试验,按实际进行检验荷载试验的桩数,分不同的桩径、桩长、混凝土强度等级、检验荷载等级以每一试桩为单位计量; 2.桩的检验荷载试验仅指荷载试验工作;桩的工程量在对应工程结构中计量	1.选择有资质的单位签订桩的检验荷载试验委托合同; 2.按图纸所示及合同约定的内容现场进行桩的检验荷载试验(包括清理场地、搭设试桩工作台、埋设观测设备、加载、卸载、观测); 3.数据采集、分析,编写提交桩的检验荷载试验报告
430-3-6-2	桩的破坏荷载试验(暂定工程量)	每一试桩	1.依据图纸及桩的破坏荷载试验委托合同,在图纸所示位置现场进行桩的破坏荷载试验,按实际进行破坏荷载试验的桩数,分不同的桩径、桩长、混凝土强度等级、破坏荷载等级以每一试桩为单位计量; 2.桩的破坏荷载试验仅指荷载试验工作;桩的工程量在对应工程结构中计量	1.选择有资质的单位签订桩的破坏荷载试验委托合同; 2.按图纸所示及合同约定的内容现场进行桩的破坏荷载试验(包括清理场地、搭设试桩工作台、埋设观测设备、加载、卸载、观测); 3.数据采集、分析,编写提交桩的破坏荷载试验报告
430-3-7	索塔混凝土			

续上表

子目号	子目名称	单位	工程量计量规则	工程内容
430-3-7-1	垫层混凝土	m³	1.依据图纸所示体积,分不同结构类型及混凝土强度等级,以立方米为单位计量; 2.直径小于200mm的管子、钢筋、锚固件、管道等所占混凝土体积不予扣除	1.场地清理; 2.搭拆作业平台、支架; 3.安拆模板; 4.预埋件制作与设置; 5.混凝土配运料、拌和运输、浇筑、振捣、养生; 6.施工缝、沉降缝设置处理; 7.冷却管制作、安装; 8.通水冷却及测温
430-3-7-2	承台混凝土	m³		
430-3-7-3	塔座混凝土	m³		
430-3-7-4	塔柱混凝土	m³		
430-3-7-5	横梁混凝土	m³		
430-3-8	**墩台混凝土**			
430-3-8-1	桥墩混凝土	m³	1.依据图纸所示体积,分不同结构类型及混凝土强度等级,以立方米为单位计量; 2.直径小于200mm的管子、钢筋、锚固件、管道等所占混凝土体积不予扣除	1.场地清理; 2.搭拆作业平台、支架; 3.安拆模板; 4.预埋件制作与设置; 5.混凝土配运料、拌和运输、浇筑、振捣、养生; 6.施工缝、沉降缝设置处理; 7.冷却管制作、安装; 8.通水冷却及测温
430-3-8-2	桥台混凝土	m³		
430-3-9	**钢筋**	kg	1.依据图纸所示及钢筋表所列钢筋重量以千克为单位计量; 2.固定钢筋的材料、定位架立钢筋、钢筋接头、吊装钢筋、铁丝作为钢筋作业的附属工作,不另行计量	1.钢筋的保护、储存及除锈; 2.钢筋整直、接头; 3.钢筋截断、弯曲; 4.钢筋安设、支承及固定
430-3-10	**劲性骨架**			
430-3-10-1	劲性骨架	kg	1.依据图纸所示及材料表所列劲性骨架重量以千克为单位计量; 2.固定劲性骨架的材料、劲性骨架接头、吊装作为劲性骨架作业的附属工作,不另行计量	1.劲性骨架制作; 2.劲性骨架安装

续上表

子目号	子目名称	单位	工程量计量规则	工程内容
430-3-11	预应力钢材			
430-3-11-1	后张法预应力钢绞线	kg	按图示两端锚具间的理论长度计算的预应力钢材重量，分不同材质以千克为单位计量	1.制作安装管道； 2.制作安装预应力钢绞线； 3.安装锚具、锚板； 4.张拉； 5.压浆； 6.封锚头
430-3-12	附属结构及预埋件钢构件			
430-3-12-1	检修通道、楼梯、栏杆钢构件	kg	依据图纸所示，按检修通道、楼梯、栏杆钢构件的重量以千克为单位计量	1.构件加工； 2.构件安装； 3.防腐涂装
430-3-12-2	预埋件钢构件	kg	1.依据图纸所示，按预埋件钢构件的重量以千克为单位计量； 2.按图纸设置的预埋件钢筋在相应钢筋子目计量	1.预埋件制作、安装； 2.防腐涂装及保护
430-3-13	气密门与人孔盖板			
430-3-13-1	气密门	套	依据图纸所示气密门的数量，以套为单位计量	1.气密门的制造； 2.预埋件的制作与安装； 3.气密门安装； 4.防腐涂装
430-3-13-2	人孔盖板	套	依据图纸所示人孔盖板的数量，以套为单位计量	1.人孔盖板的制造； 2.预埋件的制作与安装； 3.人孔盖板安装； 4.防腐涂装

4.4.30.4 索鞍制造与安装

索鞍制造与安装包括主索鞍制造与安装、散索鞍制造与安装。工程量清单项目分项计量规则应按表4.4.30.4的规定执行。

索鞍制造与安装

表 4.4.30.4

子目号	子目名称	单位	工程量计量规则	工程内容
430-4	**索鞍制造与安装**			
430-4-1	**主索鞍制造与安装**			
430-4-1-1	主索鞍制造	t	1.依据图纸所示,按主索鞍金属构件的净重量以吨为单位计量; 2.包括鞍体、主索鞍附件、鞍罩等的制造	1.主索鞍制造; 2.成品包装; 3.运输到工地; 4.配合安装; 5.工地连接
430-4-1-2	主索鞍安装	t	1.依据图纸所示,按主索鞍金属构件的净重量以吨为单位计量; 2.包括鞍体、主索鞍附件、鞍罩等的安装; 3.主索鞍制造在430-4-1-1子目计量	1.吊装设施的安装与拆除; 2.场内移运、提升; 3.安装; 4.配合工地连接
430-4-1-3	钢格栅制造	t	依据图纸所示,按格栅金属构件的净质量以吨为单位计量	1.格栅制造、涂装、成品包装、运输; 2.安装
430-4-2	**散索鞍制造与安装**			
430-4-2-1	散索鞍制造	t	1.依据图纸所示,按散索鞍金属构件的净重量以吨为单位计量; 2.包括鞍体、底座、散索鞍附件等的制造	1.散索鞍及其附件制造; 2.成品包装; 3.运输到工地; 4.配合安装; 5.工地连接
430-4-2-2	散索鞍安装	t	1.依据图纸所示,按散索鞍金属构件的净重量以吨为单位计量; 2.包括鞍体、底座、散索鞍附件等的安装; 3.散索鞍制造在430-4-2-1子目计量	1.吊装设施的安装与拆除; 2.场内转运、提升; 3.安装; 4.配合工地连接

4.4.30.5 主缆及检修道制造与安装

主缆及检修道制造与安装包括猫道、主缆索股制造、主缆索股架设、主缆及检修道防护、检修道制造、检修道安装、主缆防护套制作及安装。工程量清单项目分项计量规则应按表4.4.30.5的规定执行。

主缆及检修道制造与安装　　　　　　表 4.4.30.5

子目号	子目名称	单位	工程量计量规则	工程内容
430-5	主缆及检修道制造与安装			
430-5-1	猫道			
430-5-1-1	猫道架设	总额	以总额为单位计量	1.猫道设计； 2.猫道制作； 3.先导索架设与拆除； 4.猫道架设（包括风缆、人行道、栏杆、防护网安装及猫道改吊作业）； 5.抗风试验； 6.施工期维护
430-5-1-2	猫道拆除	总额	以总额为单位计量	1.猫道拆除； 2.拆除物处理
430-5-2	主缆索股制造			
430-5-2-1	镀锌钢丝制造	t	依据图纸所示及工程数量表所列镀锌钢丝的净重量以吨为单位计量	1.盘条生产； 2.钢丝拉拔； 3.镀锌； 4.成品包装； 5.运输到索股制造厂
430-5-2-2	索股制造	t	1.依据图纸所示及工程数量表所列索股镀锌钢丝的净重量以吨为单位计量； 2.镀锌钢丝制造在 430-5-2-1 子目计量	1.索股制造（不含镀锌钢丝制造）； 2.锚头制作； 3.成品包装； 4.运输到工地； 5.配合安装
430-5-3	主缆索股架设			
430-5-3-1	主缆索股架设	t	1.依据图纸所示及工程数量表所列索股镀锌钢丝净重量以吨为单位计量； 2.主缆缆索制造在 430-5-2 子目计量	1.作业平台搭设与拆除； 2.索股架设； 3.索股拉力调整
430-5-3-2	紧缆	m	依据图纸所示，按两侧散索鞍 IP 点间主缆长度以米为单位计量	1.紧缆机安装与拆除； 2.预紧缆； 3.正式紧缆； 4.捆钢带

续上表

子目号	子目名称	单位	工程量计量规则	工程内容
430-5-3-3	主缆缠丝	m	依据图纸所示,按两侧散索鞍IP点间主缆长度以米为单位计量	1.缠绕钢丝生产及镀锌; 2.缠丝机安装与拆除; 3.清洗; 4.刮腻子; 5.缠丝
430-5-4	**主缆及检修道防护**			
430-5-4-1	主缆防腐涂装	m²	依据图纸所示,按主缆外表面积以平方米为单位计量	1.安、拆遮雨棚; 2.清洗; 3.刮腻子; 4.涂料拌制; 5.涂装
430-5-4-2	检修道防腐涂装	总额	以总额为单位计量	1.清洗; 2.刮腻子; 3.涂料拌制; 4.涂装
430-5-5	**检修道制造**			
430-5-5-1	主缆检修道制造	m	依据图纸所示,按两侧散索鞍IP点间主缆长度以米为单位计量	主缆检修道、检修道栏杆及其附属设施制作
430-5-6	**检修道安装**			
430-5-6-1	主缆检修道安装	m	依据图纸所示,按两侧散索鞍IP点间主缆长度以米为单位计量	1.施工支架、平台搭设; 2.主缆检修道安装
430-5-7	**主缆防护套制作及安装**	t	1.按图纸所示防护套钢材的净质量,以吨为单位计量; 2.包括防护套制作及安装	1.防护套及附件的制造; 2.成品的包装及运输; 3.场内转运; 4.吊装; 5.定位、紧固、防护

4.4.30.6 吊索制造与安装

吊索制造与安装包括吊索制造、吊索安装。工程量清单项目分项计量规则应按表4.4.30.6的规定执行。

吊索制造与安装 表 4.4.30.6

子目号	子目名称	单位	工程量计量规则	工 程 内 容
430-6	**吊索制造与安装**			
430-6-1	**吊索制造**			
430-6-1-1	镀锌钢丝绳吊索制造	t	依据图纸所示,按吊索镀锌钢丝绳(平行镀锌钢丝)的净重量以吨为单位计量	1.吊索及其附件制造; 2.成品包装; 3.运输到工地
430-6-1-2	平行镀锌钢丝吊索制造	t		
430-6-2	**吊索安装**			
430-6-2-1	镀锌钢丝绳吊索安装	t	1.依据图纸所示,按吊索镀锌钢丝绳(平行镀锌钢丝)的净重量以吨为单位计量; 2.吊索制造在430-6-1子目计量	1.场内转运; 2.吊装; 3.定位、紧固、防护
430-6-2-2	平行镀锌钢丝吊索制造	t		

4.4.30.7 索夹制造与安装

索夹制造与安装包括索夹制造、索夹安装。工程量清单项目分项计量规则应按表 4.4.30.7 的规定执行。

索夹制造与安装 表 4.4.30.7

子目号	子目名称	单位	工程量计量规则	工 程 内 容
430-7	**索夹制造与安装**			
430-7-1	**索夹制造**			
430-7-1-1	骑跨式索夹制造	t	依据图纸所示,按索夹金属构件的净重量以千克为单位计量	1.索夹及其附件制造; 2.成品包装; 3.运输到工地
430-7-1-2	销接式索夹制造	t	依据图纸所示,按索夹金属构件的净重量以千克为单位计量	1.索夹及其附件制造; 2.成品包装; 3.运输到工地
430-7-1-3	无吊索索夹制造	t	依据图纸所示,按索夹金属构件的净重量以千克为单位计量	1.索夹及其附件制造; 2.成品包装; 3.运输到工地
430-7-2	**索夹安装**			
430-7-2-1	骑跨式索夹安装	t	1.依据图纸所示,按索夹金属构件的净重量以千克为单位计量; 2.索夹制造在430-7-1-1子目计量	1.场内转运; 2.吊装; 3.定位、紧固、防护

续上表

子目号	子目名称	单位	工程量计量规则	工程内容
430-7-2-2	销接式索夹安装	t	1.依据图纸所示,按索夹金属构件的净重量以千克为单位计量; 2.索夹制造在430-7-1-2子目计量	1.场内转运; 2.吊装; 3.定位、紧固、防护
430-7-2-3	无吊索索夹安装	t	1.依据图纸所示,按索夹金属构件的净重量以千克为单位计量; 2.索夹制造在430-7-1-3子目计量	1.场内转运; 2.吊装; 3.定位、紧固、防护

4.4.30.8 主梁

主梁包括钢箱梁制造与安装、钢桁架加劲梁、混凝土箱梁、预制安装混凝土桥面板。工程量清单项目分项计量规则应按表4.4.30.8的规定执行。

主 梁   表4.4.30.8

子目号	子目名称	单位	工程量计量规则	工程内容
430-8	**主梁**			
430-8-1	**钢箱梁制造与安装**			
430-8-1-1	钢箱梁制造	t	1.依据图纸所示钢箱梁(包括检查车轨道、泄水管、路缘石、灯杆底座预留件等附属钢构件)的净重量,以吨为单位计量; 2.焊缝及涂装材料重量不计入钢箱梁制造计量重量; 3.检查车制造在430-8-1-2子目计量	1.钢材预处理及下料、整平、矫正、焊接、组装、焊接工艺评定; 2.预拼装; 3.胎架制作与拆除; 4.厂内运输; 5.运输到工地; 6.配合工地安装
430-8-1-2	梁外检查车制造	t	1.依据图纸所示检查车(包括牵引及制动装置)的净重量,以吨为单位计量; 2.焊缝及涂装材料重量不计入检查车制造计量重量	1.钢材预处理及下料、整平、矫正、焊接、组装; 2.预拼装; 3.胎架制作与拆除; 4.厂内运输; 5.运输到工地; 6.配合工地安装; 7.工地连接(焊接)
430-8-1-3	钢箱梁工地连接	道	依据图纸所示,按钢箱梁环缝的数量,以道为单位计量	1.工作平台搭设与拆除; 2.工地连接(焊接、栓接)

续上表

子目号	子目名称	单位	工程量计量规则	工程内容
430-8-1-4	钢结构涂装			
430-8-1-4-1	钢箱梁内表面涂装	m^2	依据图纸所示,按钢结构表面面积以平方米为单位计量	1.表面处理; 2.涂料制备; 3.工厂涂装; 4.工地涂装; 5.修补
430-8-1-4-2	钢箱梁外表面涂装(不含桥面涂装)	m^2		
430-8-1-4-3	桥面涂装	m^2		
430-8-1-4-4	梁外检查车涂装	m^2		
430-8-1-4-5	附属结构涂装	m^2		
430-8-1-5	钢箱梁安装	t	1.依据图纸所示钢箱梁的净重量(含检查车轨道),以吨为单位计量; 2.焊缝及涂装材料不计入钢箱梁安装计量重量; 3.钢箱梁制造在430-8-1-1子目计量	1.场地清理; 2.支架(鹰架)搭设(包括临时存梁支架)与拆除; 3.桥面吊机(缆索吊机)架设与拆除; 4.钢箱梁吊装、调整、精确就位、临时固定; 5.工地连接(栓接); 6.配合施焊
430-8-1-6	梁外检查车安装	t	1.依据图纸所示检查车的净重量,以吨为单位计量; 2.焊缝及涂装材料不计入钢箱梁安装计量重量; 3.检查车制造在430-8-1-2子目计量	1.场地清理; 2.支架(鹰架)搭设(包括临时存梁支架)与拆除; 3.桥面吊机(缆索吊机)架设与拆除; 4.钢箱梁吊装、调整、精确就位、临时固定; 5.工地连接(栓接); 6.配合施焊
430-8-1-7	梁内检查车	辆	依据图纸所示梁内检查车(包括牵引及制动等装置),以辆为单位计量	安装、调试
430-8-2	**钢桁架加劲梁**			
430-8-2-1	钢桁架加劲梁制造	t	1.依据图纸所示桁架加劲梁(包括正交异性桥面板、检修道、路缘石、灯杆底座预留件等附属钢构件)的净重量,以吨为单位计量; 2.焊缝及涂装材料重量不计入钢桁架加劲梁制造计量重量	1.钢材预处理及下料、整平、矫正、焊接、组装; 2.预拼装; 3.胎架制作与拆除; 4.厂内运输; 5.运输到工地,按合同规定进行工地停留; 6.配合工地安装; 7.工地连接(焊接)

续上表

子目号	子目名称	单位	工程量计量规则	工程内容
430-8-2-2	钢桁架加劲梁涂装	m²	依据图纸所示,按钢桁架加劲梁表面面积以平方米为单位计量	1.表面处理; 2.涂料制备; 3.工厂涂装; 4.工地涂装; 5.修补
430-8-2-3	钢桁架加劲梁安装	t	1.依据图纸所示钢桁架加劲梁(包括检查车及附属钢构件)的净重量,以吨为单位计量; 2.焊缝及涂装材料不计入钢箱梁安装计量重量; 3.钢桁架加劲梁制造在430-8-2-1子目计量	1.场地清理; 2.支架(鹰架)搭设(包括临时存梁支架)与拆除; 3.桥面吊机(缆索吊机)架设与拆除; 4.钢桁架加劲梁组拼、吊装、调整、精确就位、临时固定; 5.工地连接(栓接)
430-8-3	**混凝土箱梁**			
430-8-3-1	混凝土	m³	1.依据图纸所示体积分不同强度等级以立方米为单位计量; 2.钢筋、钢材所占体积及单个面积在0.03m²以内的孔洞不予扣除	1.平整场地; 2.搭拆工作平台;支架搭设、预压与拆除; 3.安拆挂篮、模板; 4.混凝土配运料、拌和、运输、浇筑、养生; 5.施工缝设置处理
430-8-3-2	钢筋	kg	1.依据图纸所示及钢筋表所列钢筋重量以千克为单位计量; 2.固定钢筋的材料、钢筋接头、吊装钢筋、铁丝作为钢筋作业的附属工作,不另行计量	1.钢筋的保护、储存及除锈; 2.钢筋整直、接头; 3.钢筋截断、弯曲; 4.钢筋安设、支承及固定
430-8-3-3	预应力钢材			
430-8-3-3-1	后张法预应力钢绞线	kg	按图示两端锚具间的理论长度计算的预应力钢材重量,分不同材质以千克为单位计量	1.制作安装预应力钢绞线; 2.制作安装管道; 3.安装锚具、锚板; 4.张拉; 5.压浆; 6.封锚头
430-8-4	**预制安装混凝土桥面板**			

续上表

子目号	子目名称	单位	工程量计量规则	工程内容
430-8-4-1	预制安装混凝土桥面板	m³	1.依据图纸所示桥面板混凝土体积,分不同强度等级以立方米为单位计量; 2.直径小于200mm的管子、钢筋、锚固件、管道、泄水孔等所占混凝土体积不予扣除	1.预制场地建设、拆除; 2.搭拆工作平台; 3.安拆模板; 4.混凝土配运料、拌和、运输、浇筑、养生; 5.构件预制、运输、安装
430-8-4-2	桥面板混凝土后浇段	m³	1.依据图纸所示混凝土体积,分不同强度等级以立方米为单位计量; 2.直径小于200mm的管子、钢筋、锚固件、管道、泄水孔等所占混凝土体积不予扣除	1.搭拆工作平台; 2.安拆模板; 3.混凝土配运料、拌和、运输、浇筑、养生
430-8-4-3	钢筋	kg	1.依据图纸所示及钢筋表所列钢筋重量以千克为单位计量; 2.固定钢筋的材料、钢筋接头、吊装钢筋、铁丝作为钢筋作业的附属工作,不另行计量	1.钢筋的保护、储存及除锈; 2.钢筋整直、接头; 3.钢筋截断、弯曲; 4.钢筋安设、支承及固定
430-8-4-4	预应力钢材			
430-8-4-4-1	后张法预应力钢绞线	kg	按图示两端锚具间的理论长度计算的预应力钢材重量,分不同材质以千克为单位计量	1.制作安装预应力钢绞线; 2.制作安装管道; 3.安装锚具、锚板; 4.张拉; 5.压浆; 6.封锚头
430-8-4-4-2	先张法预应力钢丝	kg	依据图纸所示构件长度计算的预应力钢材重量,分不同材质以千克为单位计量	1.制作安装预应力钢材; 2.张拉

4.4.30.9 桥面铺装

桥面铺装包括沥青混凝土桥面铺装、水泥混凝土桥面铺装、防水层、泄水管、防水黏层。工程量清单项目分项计量规则应按表4.4.30.9的规定执行。

桥 面 铺 装   表 4.4.30.9

子目号	子目名称	单位	工程量计量规则	工 程 内 容
430-9	桥面铺装			
430-9-1	沥青混凝土桥面铺装			
430-9-1-1	沥青玛蹄脂碎石混合料	m²	依据图纸所示级配类型及压实厚度,按照铺筑的中位线处沥青玛蹄脂面积以平方米为单位计量	1.清理下承层; 2.拌和设备安装、调试、拆除; 3.沥青混合料拌和、运输、摊铺、压实、成形; 4.接缝; 5.初期养护
430-9-1-2	环氧沥青混凝土	m²	依据图纸所示级配类型及压实厚度,按照铺筑的中位线处环氧沥青混凝土面积以平方米为单位计量	1.清理下承层; 2.拌和设备安装、调试、拆除; 3.沥青混合料拌和、运输、摊铺、压实、成形; 4.接缝; 5.初期养护
430-9-1-3	改性沥青混凝土	m²	依据图纸所示级配类型及压实厚度,按照铺筑的中位线处改性沥青混凝土面积以平方米为单位计量	1.清理下承层; 2.拌和设备安装、调试、拆除; 3.沥青混合料拌和、运输、摊铺、压实、成形; 4.接缝; 5.初期养护
430-9-1-4	浇筑式沥青混凝土	m²	依据图纸所示级配类型及厚度,按照铺筑的中位线处浇筑式沥青混凝土面积以平方米为单位计量	1.清理下承层; 2.拌和设备安装、调试、拆除; 3.沥青混合料拌和、运输; 4.立模、摊铺、缺陷点处理; 5.接缝、边缘处理; 6.初期养护
430-9-2	水泥混凝土桥面铺装			

续上表

子目号	子目名称	单位	工程量计量规则	工程内容
430-9-2-1	水泥混凝土桥面铺装	m³	依据图纸所示位置、尺寸,按混凝土强度等级,按铺筑体积以立方米为单位计量	1.场地清理; 2.混凝土配运料、拌和、运输、浇筑、振捣、养生; 3.施工缝、沉降缝设置处理
430-9-3	**防水层**			
430-9-3-1	桥面防水层	m²	依据图纸所示位置及尺寸,在桥面铺装前铺设防水材料,按图示防水层净面积以平方米为单位计量	1.场地清理; 2.桥面拉毛、清洁; 3.铺装防水材料; 4.安拆作业平台; 5.安设排水设施
430-9-4	**泄水管**			
430-9-4-1	铸铁泄水管	kg	1.依据图纸所示位置及尺寸,按图示铸铁管重量,以千克为单位计量; 2.接头、固定泄水管的金属构件不予计量	1.场地清理; 2.桥面开孔及孔道清理; 3.管道制作; 4.安装泄水管
430-9-4-2	钢管泄水管	kg	1.依据图纸所示位置及尺寸,按图示钢管重量,以千克为单位计量; 2.接头、固定泄水管的金属构件不予计量; 3.与钢主梁结构一同制造的钢管泄水管计入钢主梁制造子目中	1.场地清理; 2.桥面开孔及孔道清理; 3.管道制作; 4.安装泄水管
430-9-4-3	PVC泄水管	m	1.依据图纸所示位置及尺寸,按图示不同管径的PVC管长度,以米为单位计量; 2.PVC排水管计入本子目	1.场地清理; 2.桥面开孔及孔道清理; 3.管道制作; 4.安装泄水管
430-9-5	**防水黏层**			
430-9-5-1	防水黏层	m²	依据图纸所示沥青品种、规格、喷油量,按照洒布面积以平方米为单位计量	1.检查和清扫下承层; 2.材料制备、运输; 3.试洒; 4.沥青洒布车均匀喷洒并检测洒布用量; 5.初期养护

4.4.30.10 支座

支座包括竖向支座制造与安装、横向支座制造与安装、阻尼支座制造与安装。工程量清单项目分项计量规则应按表4.4.30.10的规定执行。

支　座

表4.4.30.10

子目号	子目名称	单位	工程量计量规则	工程内容
430-10	**支座**			
430-10-1	**竖向支座制造与安装**			
430-10-1-1	竖向支座制造	套	依据图纸所示,按图示数量以套为单位计量	1.支座及其附属件制造; 2.成品包装; 3.运输到工地; 4.配合安装
430-10-1-2	竖向支座安装	套	1.依据图纸所示位置及尺寸,按图示数量以套为单位计量; 2.竖向支座制造在430-10-1-1子目计量	1.预埋件安装; 2.支座安装
430-10-2	**横向支座制造与安装**			
430-10-2-1	横向抗风支座制造	套	依据图纸所示,按图示数量以套为单位计量	1.支座及其附属件制造; 2.成品包装; 3.运输到工地; 4.配合安装
430-10-2-2	横向抗风支座安装	套	1.依据图纸所示位置及尺寸,按图示数量以套为单位计量; 2.横向支座制造在430-10-2-1子目计量	1.预埋件安装; 2.支座安装
430-10-3	**阻尼支座制造与安装**			
430-10-3-1	阻尼支座制造	套	依据图纸所示,按图示数量以套为单位计量	1.支座及其附属件制造; 2.成品包装; 3.运输到工地; 4.配合安装

续上表

子目号	子目名称	单位	工程量计量规则	工程内容
430-10-3-2	阻尼支座安装	套	1.依据图纸所示位置及尺寸,按图示数量以套为单位计量; 2.阻尼支座制造在430-10-3-1子目计量	1.预埋件安装; 2.支座安装

4.4.30.11 伸缩装置

伸缩装置包括伸缩装置制造、伸缩装置安装。工程量清单项目分项计量规则应按表4.4.30.11的规定执行。

伸 缩 装 置　　　　　　　表4.4.30.11

子目号	子目名称	单位	工程量计量规则	工程内容
430-11	伸缩装置			
430-11-1	伸缩装置制造	m	依据图纸所示,按图示长度,分不同伸缩量以米为单位计量	1.伸缩缝及其附属件制造; 2.成品包装; 3.运输到工地; 4.配合安装
430-11-2	伸缩装置安装	m	1.依据图纸所示位置及尺寸,按图示长度,分不同伸缩量以米为单位计量; 2.伸缩装置制造在430-11-1子目计量	1.预埋件安装; 2.伸缩装置安装

4.4.30.12 混凝土结构涂装

混凝土结构涂装工程量清单项目分项计量规则应按表4.4.30.12的规定执行。

混凝土结构涂装　　　　　　　表4.4.30.12

子目号	子目名称	单位	工程量计量规则	工程内容
430-12	混凝土结构涂装			
430-12-1	混凝土结构表面涂装	m²	依据图纸所示涂装体系,按涂装的结构表面面积以平方米为单位计量	1.工作平台搭设; 2.表面处理; 3.涂装

4.4.30.13 除湿系统

除湿系统包括钢箱梁除湿系统制造与安装、锚室内除湿系统制造与安装、主索鞍除湿系统制造与安装、散索鞍除湿系统制造与安装、主缆除湿系统制造与安装。工程量清单项目分项计量规则应按表4.4.30.13的规定执行。

除 湿 系 统　　　　　　　　　　　　　　　　表4.4.30.13

子目号	子目名称	单位	工程量计量规则	工 程 内 容
430-13	除湿系统			
430-13-1	钢箱梁除湿系统制造与安装			
430-13-1-1	钢箱梁除湿系统制造	套	依据图纸所示,按除湿系统的数量以套为单位计量	1.除湿系统及其附件制造; 2.成品包装; 3.运输到工地; 4.配合安装; 5.测试及试运行
430-13-1-2	钢箱梁除湿系统安装	套	依据图纸所示,按除湿系统的数量以套为单位计量	1.预埋件安装; 2.除湿系统安装
430-13-2	锚室内除湿系统制造与安装			
430-13-2-1	锚室除湿系统制造	套	依据图纸所示,按除湿系统的数量以套为单位计量	1.除湿系统及其附件制造; 2.成品包装; 3.运输到工地; 4.配合安装; 5.测试及试运行
430-13-2-2	锚室除湿系统安装	套	依据图纸所示,按除湿系统的数量以套为单位计量	1.预埋件安装; 2.除湿系统安装
430-13-3	主索鞍除湿系统制造与安装			
430-13-3-1	主索鞍除湿系统制造	套	依据图纸所示,按除湿系统的数量以套为单位计量	1.除湿系统及其附件制造; 2.成品包装; 3.运输到工地; 4.配合安装; 5.测试及试运行
430-13-3-2	主索鞍除湿系统安装	套	依据图纸所示,按除湿系统的数量以套为单位计量	1.预埋件安装; 2.除湿系统安装
430-13-4	散索鞍除湿系统制造与安装			

续上表

子目号	子目名称	单位	工程量计量规则	工程内容
430-13-4-1	散索鞍除湿系统制造	套	依据图纸所示,按除湿系统的数量以套为单位计量	1.除湿系统及其附件制造; 2.成品包装; 3.运输到工地; 4.配合安装; 5.测试及试运行
430-13-4-2	散索鞍除湿系统安装	套	依据图纸所示,按除湿系统的数量以套为单位计量	1.预埋件安装; 2.除湿系统安装
430-13-5	**主缆除湿系统制造与安装**			
430-13-5-1	主缆除湿系统制造	套	依据图纸所示,按除湿系统的数量以套为单位计量	1.除湿系统及其附件制造; 2.成品包装; 3.运输到工地; 4.配合安装; 5.测试及试运行
430-13-5-2	主缆除湿系统安装	套	依据图纸所示,按除湿系统的数量以套为单位计量	1.预埋件安装; 2.除湿系统安装

4.4.30.14 助航系统

助航系统包括航空障碍灯、桥涵标。工程量清单项目分项计量规则应按表4.4.30.14的规定执行。

助 航 系 统　　　　　　　　　表4.4.30.14

子目号	子目名称	单位	工程量计量规则	工程内容
430-14	**助航系统**			
430-14-1	航空障碍灯	盏	依据图纸所示,按航空障碍灯的数量以盏为单位计量	1.预埋件的制作与安装; 2.航空障碍灯(包括电源线、控制系统)安装; 3.测试及试运行
430-14-2	桥涵标	处	依据图纸所示,按桥涵标设置的数量,以处为单位计量	1.预埋件的制作与安装; 2.桥涵标(包括电源线、控制系统)安装; 3.测试及试运行

4.4.30.15 防雷及接地系统

防雷及接地系统包括避雷针、引下线、接地体。工程量清单项目分项计量规则应按表4.4.30.15的规定执行。

防雷及接地系统　　　　　　表 4.4.30.15

子目号	子目名称	单位	工程量计量规则	工程内容
430-15	防雷及接地系统			
430-15-1	避雷针	套	依据图纸所示避雷针的数量以套为单位计量	1.预埋件的制作及安装； 2.避雷针安装； 3.测试及试运行
430-15-2	引下线	m	依据图纸所示引下线的长度以米为单位计量	1.引下线的制作与安装； 2.接地电阻测试
430-15-3	接地体	套	依据图纸所示，按接地体的数量以套为单位计量	1.接地体的制作与安装； 2.接地电阻测试

4.4.30.16 索塔电梯(升降机)

索塔电梯(升降机)工程量清单项目分项计量规则应按表4.4.30.16的规定执行。

索塔电梯(升降机)　　　　　　表 4.4.30.16

子目号	子目名称	单位	工程量计量规则	工程内容
430-16	索塔电梯(升降机)			
430-16-1	索塔电梯(升降机)	套	依据图纸所示，按电梯(升降机)的数量以套为单位计量	1.电梯(升降机)及其附属件的制作； 2.预埋件设置； 3.电梯安装； 4.测试及试运行

4.4.30.17 索塔(桥墩)防撞装置

索塔(桥墩)防撞装置工程量清单项目分项计量规则应按表4.4.30.17的规定执行。

索塔(桥墩)防撞装置　　　　　　表 4.4.30.17

子目号	子目名称	单位	工程量计量规则	工程内容
430-17	索塔(桥墩)防撞装置			
430-17-1	索塔防撞装置	每一索塔	依据图纸所示，设置防撞装置的索塔的数量，以每一索塔为单位计量	防撞装置的加工制作、预埋、安装
430-17-2	桥墩防撞装置	每一桥墩	依据图纸所示，设置防撞装置的桥墩的数量，以每一桥墩为单位计量	防撞装置的加工制作、预埋、安装

4.4.30.18 桥面系钢构件
桥面系钢构件工程量清单项目分项计量规则应按表 4.4.30.18 的规定执行。

桥 面 系 钢 构 件　　　　表 4.4.30.18

子目号	子目名称	单位	工程量计量规则	工程内容
430-18	桥面系钢构件	t	1.依据图纸所示,按防撞护栏立柱、横梁、底座(螺钉连接件),检修道栏杆等钢构件的重量以千克为单位计量; 2.泄水管,缘石,检修道排水槽、防撞护栏底座、检修道栏杆底座、灯柱底座预埋件并入钢箱梁子目计量	1.构件加工; 2.构件安装; 3.防腐涂装